만만하게 시작하는
왕초보 영문법 레슨
| 독해편 |

만만하게 시작하는
왕초보 영문법 레슨 |독해편|

2021년 11월 10일 초판 1쇄 인쇄
2021년 11월 15일 초판 1쇄 발행

지은이 이서영
발행인 손건
편집기획 김상배, 장수경
마케팅 최관호, 유재영
디자인 이성세
제작 최승용
인쇄 선경프린테크

발행처 *LanCom* 랭컴
주소 서울시 금천구 시흥대로193, 709호
등록번호 제 312-2006-00060호
전화 02) 2636-0895
팩스 02) 2636-0896
홈페이지 www.lancom.co.kr

ⓒ 랭컴 2021
ISBN 979-11-89204-95-2 13740

이 책은 암기하지 않고 읽기만 해도 됩니다!

만만하게 시작하는

왕초보 영문법 레슨

이서영 지음

독해편 ,

LanCom
Language & Communication

이 책은
영문법 책이지만
암기를 하지
않아도 됩니다!

이 책은 영문법 책이지만 암기를 하지 않아도 됩니다. 대단한 노력을 요구하지도 않습니다. 많은 시간을 투자하지 않아도 됩니다. 어째서 그럴까요? 그 이유는 미국인의 사고를 가지고 직접 자신의 머릿속에 있는 자연스럽고 단순한 문법을 해설했기 때문입니다. 말할 필요도 없이 문법은 외국어를 배우는 데 반드시 알고 있어야 하는 것입니다. 기본적인 문법을 모르고는 외국어학원에 다녀도 영어신문을 읽어도 실력이 향상될 수 없습니다. 언어의 기본을 모르고는 수많은 단어와 문장을 암기했다 하더라도 활용을 할 수 없습니다.

그러나 불행하게도 거의 모든 사람들은 이렇게 중요한 영문법을 공부하기 싫어하는 것 같습니다. 그럴 만도 합니다. 지금까지의 영문법 책은 '암기위주'로 구성되어 있기 때문입니다. 영문법이 그런 것이라면 누구라도 하기 싫어하는 것은 당연한 것입니다.

하지만 이젠 안심하십시오. 이 책은 지금까지의 영문법 책과는 전혀 다릅니다. 이 책에서는 문법 규칙에 대한 세세한 설명은 전혀 없습니다. 그 대신에 그 배경에 있는 미국인의 감각[어감]을 마스터할 수 있도록 구성했습니다.

자, 이제 시작해 봅시다. 지금까지 이해할 수 없었던 문법 내용이 단지 읽어보는 것만으로도 쉽게 이해되는 것에 놀라게 될 것입니다.

Contents

Part 01

자, 시작할까요?

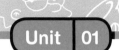

이 책의 목표

여러분은 말이 전혀 통하지 않는 외국에 가 본 적이 있습니까? 필자도 영어가 전혀 통하지 않는 외국에서 고생한 경험이 많습니다. 특히 말이 통하지 않는 곳에서 길을 잃었을 때는 정말로 울고 싶은 심정이었습니다.

그럴 때 도움이 되는 것이 바로 포켓 단어장입니다. 그 나라의 언어로 영어에 토를 달아 놓은 작은 책, 요즘은 마트폰을 이용하기도 하지만, 이런 것을 사용해서 어느 정도 자신의 의사를 전할 수 있으면 '외국어는 단어만 알고 있으면 된다'고 생각하게 됩니다. 하지만 이런 방식으로는 자신의 의사를 정확하게 상대방에게 전달할 수 없습니다. '사다'인지 '샀다'인지 '살 것이다'인지는 역시 문법을 모르고서는 표현할 수 없기 때문입니다.

이와 같이 중요한 '문법'임에도 대부분의 사람들은 공부하기 싫어하는 것 같습니다. 이유도 모르고 수많은 '문법 규칙'을 암기해야 되기 때문입니다. 우리나라의 수능영어 참고서를 보니까 현재완료에 4개 이상의 용법이 수록되어 있었습니다. the의 용법도 놀랄 만큼 많이 수록되어 있었습니다. 가정법에 대해서도 10쪽 이상의 장황한 문법을 설명하고 있습니다.

'영문법'을 마스터하려면 이렇게 많은 '규칙·용법·공식'을 반드시 암기해야 할까요?

우리는 모국어인 한국어를 자유자재로 구사합니다. 우리나라 사람들의 머릿속에는 한국어 문법이 들어있을 것입니다. 그러나 어느 누구도 복잡한 문법 규칙을 암기해서 사용하는 사람은 없을 것입니다. 그렇습니다. 문법이란 쉽게 이해할 수 있는 자연스럽고 단순한 것입니다. 핵심만 이해하면 아주 간단히 사용할 수 있습니다.

이 책이 목표로 하는 영문법의 일부를 한 예로 소개하겠습니다. 다음은 영어의 골격이라 할 수 있을 정도의 중요한 것입니다.

● **John kissed the girl.** 존은 그 여자에게 키스했다.

짧은 문장이지만 이 말을 하기 위해서는 상황에 따라 여러 가지 판단을 해야합니다. 예를 들면,

● **John kissed** the girl.

the girl이라 해야 할지, a girl이라고 해야 할지, 그렇지 않으면 그냥 girl이라고 해야 할지를 결정해야 합니다.
a, the는 어떻게 구별해서 써야 할까요?
셀 수 있는 명사와 셀 수 없는 명사는 어떻게 구별합니까?

- **John** kissed **the girl.**

이 경우 현재형을 사용해야 합니까, 과거형을 사용해야 합니까, 그렇지 않으면 현재완료형을 사용해야 합니까?
시제는 무엇일까요?
현재완료와 진행형은 언제 씁니까?

- **John** kissed **the girl.**

이 경우 능동태로 해야 할까요, 수동태로 해야 할까요?
수동태와 능동태는 어떻게 사용하면 좋을까요?

우리가 영어를 하는 경우 이렇게 여러 가지 판단을 해야 합니다. 이 책에서는 이와 같이 영어를 하는데 꼭 필요한 기본적인 영문법을 알기 쉽게 해설했습니다. 그렇지만 '암기'할 필요는 없습니다. 아주 간단한 영문법 핵심만을 이해하면 되는 것입니다.

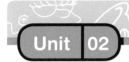
나는 영문법에 자신이 있다?

여기까지 읽고 나서 '나는 이 책이 필요 없겠군. 영문법에 관해서는 미국인보다도 더 잘 알고 있다고 자신할 수 있어. 현재완료에는 완료, 결과, 계속, 경험의 용법이 있고, 진행형은 '~하고 있다'이며, 여러 가지 다양한 문장을 수동태로 바꿀 수 있고 …'라고 생각하는 분도 있을 것입니다. 이분은 정말로 필요한 생생한 영문법을 알고 있다고 할 수 있을까요? 본론에 들어가기 전에 이 장에서는 영문법에 자신이 있다고 하는 분들을 설득해 봅시다.

1 there를 사용한 문장

there 구문을 알고 있습니까? 중학교 3학년 정도면 누구라도 알고 있는 '~가 있다'라는 문장입니다. 자, 문제를 드립니다. there 구문은 아무 때나 사용할 수 있는 것이 아닙니다. 다음에서 잘못 사용된 문장을 찾아보십시오.

1   a. **There is a wolf in the room.**

   방에 늑대가 있어요.

   b. **There is the wolf in the room.***

   방에 그 늑대가 있어요.

c. There are boys in the room.

방에 소년들이 있어요.

d. There are they in the room.*

방에 그들이 있어요.

e. There is John in the room.*

방에 존이 있어요.

알 수 있겠습니까? *표가 붙어 있는 문장이 잘못 쓰인 것입니다. 'there 구문은 ~(사람·사물)이 있다'라는 의미라고만 알고 있으면 바르게 사용할 수 없습니다. 그러면 이런 문장은 어디가 잘못된 것일까요?

there 구문은 그때까지 화제에 오르지 않은 사람·사물을 화제에 올리며 '~가 있어요'라고 하는 것입니다. 즉 the wolf, they, John 등은 모두 이미 화제에 나와서 상대방도 알고 있는 것입니다(이미 화제에 등장했기 때문에 the를 붙이거나 '그들'이라고 가리킬 수 있는 것이므로). 이러한 이유 때문에 b, d, e는 there 문이 가진 의미와 충돌하는 것입니다.

그러면 이미 화제에 오른 the wolf, they, John 등에 대해 '~가 있다'라고 할 때에는 어떻게 하면 될까요? be 동사를 쓰면 간단히 해결됩니다.

2   b. The wolf is in the room.

그 늑대는 방에 있어요.

d. They are in the room.

그들은 방에 있어요.

e. **John is in the room.**

   존은 방에 있어요.

there문과 같은 아주 기본적인 구문도 '암기'만 해서는 바르게 사용할 수 없다는 것을 알 수 있겠지요. 우리에게 필요한 것은 영문법을 암기하는 것이 아니라 미국인의 문법 감각을 이해하는 것입니다.

2 사역(~ 시키다)을 사용한 문장

사역을 표현하는 대표적인 동사는 have, make, let 등이 있습니다. 영문법에 정통하다는 분은 이들 동사는 '~시키다'라는 의미라고만 외우고 안심하고 있을지도 모릅니다. 그럼 문제를 드리겠습니다. 다음에서 잘못 사용된 문장을 골라보십시오.

3 a. I had **the students write a composition by asking them to do so.**

   b. I made **the students write a composition by asking them to do so.***

   요청해서 작문시켰다.

4 a. I had **the students write a composition by threatening them.***

   b. I made **the students write a composition by threatening them.**

   위협해서 작문시켰다.

*표가 붙어 있는 것이 모두 어색한 문장들입니다. have, make가 같은 의미라면 문제가 일어나지 않겠지요. 그러면 이들 동사의 의미와 차이는 무엇일까요? 같은 '～시키다'라는 의미이지만 have와 make는 강제성이 있느냐 없느냐로 구별됩니다. have는 상대방의 기분을 고려해서 '～할 것을 요청하다'라는 의미이며, make는 상대방의 기분을 고려하지 않고 강제적으로 '～시키다'라는 의미입니다. 그러면 let은 어떤 의미를 가지고 있을까요? let은 have나 make와는 다른 의미를 가지고 있습니다.

5   **a. I let the students write a composition by asking them to do so.***

      b. I let the students write a composition by threatening them.*

let은 '～시키다'는 의미보다는 '(방해하지 않고) 그대로 내버려 두다'라는 의미를 가지고 있습니다.

6   **a. Her father will not let her go to Disneyland.**

      아버지는 그녀가 디즈니랜드에 가는 것을 그대로 두지 않을 것이다.

      b. Don't let your baby cry all night.

      밤새 아기를 울게 하지 마세요.

이젠 사역동사 = '～시키다'라고 암기하고 있는 것이 얼마나 잘못된 것인지 알 수 있겠지요.

3 진행형 (~ 하고 있다)을 사용한 문장

우리나라 학생들의 영작문을 보면 다음과 같은 것이 눈에 거슬립니다.

7 a. **I am believing you.***

당신을 믿고 있습니다.

b. **I am loving you.***

당신을 사랑하고 있습니다.

둘 다 어색한 문장입니다. '왜 이런 문장을 썼지?'라고 물으면 진행형은 '~하고 있다'라는 의미이기 때문이라고 대답합니다. '진행형 = ~하고 있다'라고 '암기'한 잘못입니다. 미국인이 진행형을 사용할 때의 감각을 이해하고 있으면 이와 같이 어색한 문장을 쓰는 일은 없을 것입니다.

4 정관사 the의 의미

the의 용법은 우리가 가장 어려워하는 문법사항 중 하나입니다. 그 가장 큰 원인은 'the의 의미는 '그'이고 이미 화제에 오른 것, sun, moon 또는 world와 같이 세상에 하나뿐인 것을 가리킬 때 쓴다'와 같은 복잡한 문법 규칙만을 암기하고 있기 때문입니다. 사람에 따라서는 6~7개의 '규칙'을 암기하고 있기도 합니다. 그러면 모든 것이 해결이 될까요? 다음의 문장을 보십시오.

15

8 Aspirin is the remedy for a headache.

이 문장에서 the는 어떤 의미로 쓰였을까요? 매우 자연스러운 the 용법인데도 암기한 '규칙'만으로는 이해할 수 없습니다.

그러면 어떻게 하면 the를 바르게 쓸 수 있게 될까요? 복잡한 '문법 규칙'을 알아야 the를 사용할 수 있다고 한다면 누구라도 이런 단어는 사용하지 않으려 할 것입니다. 이제부터는 암기식 문법을 버리고 미국인의 머릿속에 있는 자연스럽고 단순한 the의 용법을 마스터하면 됩니다.

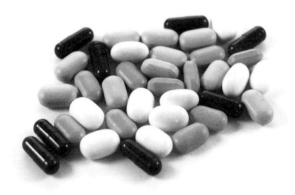

Part 02

사물[명사]을
표현하는 법

이 Part에서는 '사물'을 나타내는 명사에 관한 문법사항을 모았습니다. 우리는 보통 '명사는 단지 단어만 암기하면 된다'라고 알고 있습니다. 'water = 물', 'boy = 소년'이라고 암기하면 어찌되었든 상대방에게 의사는 전달할 수 있겠지요. 그러나 보다 정확하게 자신의 의사를 전달하기 위해서는 이것만으로는 불충분합니다. 실제로 영어를 말하거나 쓰거나 할 때, '이 때에는 a를 써야 하는지, 아니면 the를 사용해야 하는지' 또는 'a love라고 해야 하는지, 그냥 love라고 해야 하는지'등의 고민을 한 적이 있을 것입니다. 여기서는 이러한 고민을 해결할 수 있는 방법을 가르쳐 드립니다.

Unit 1에서는 the와 a의 용법을 확실하게 마스터 하고 Unit 2에서는 셀 수 있는 명사와 셀 수 없는 명사의 구별에 관해 설명합니다. 즉 a pen은 가능하지만 a water라고는 할 수 없다는 것에 대한 것입니다. 한국어에는 없는 표현이기 때문에 매우 이해하기 어려운 문법사항이지만 그 원칙은 간단합니다. Unit 3은 any에 관해 해설합니다. any는 중학교에서 배우는 기초적인 단어이지만 의외로 잘못 사용하는 분들이 많아서 다루었습니다. 'any는 부정문·의문문에 쓰인다'와 같은 불필요한 규칙을 암기하고 있는데 그 원인이 있습니다.

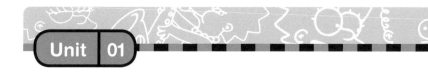
the와 a

the와 a는 우리가 가장 잘못 이해하고 있는 문법사항 중 하나입니다. 그것은 우리말에 정확하게 대응할 수 있는 말이 없기 때문입니다. 그러나 영미(英美)인들은 the와 a로 많은 정보를 교환하고 있다는 점을 생각한다면 꼭 알아두어야 합니다.

영미인과 같이 관사를 사용할 수 있게 되려면 매일 영어를 써서 익히는 수밖에 없습니다. 영어에 능숙하다는 우리나라 사람의 글도 검토해 보면 관사를 잘못 쓴 문장이 종종 눈에 띕니다. 어감이 매우 미묘하기 때문입니다.

그러나 관사를 90% 정도 정확하게 사용하는 것은 우리에게도 가능한 일이며, 또한 그렇게 돼야 올바른 영어를 사용한다고 말할 수 있습니다.

여기서는 the 용법의 원칙을 상세히 설명했습니다. 그렇게 함으로써 a의 용법도 자연스럽게 이해될 것입니다. 이것을 읽고 나면 여러분도 관사를 90% 가까이 정확하게 사용할 수 있게 될 것입니다.

여러분은 혹시 the의 용법을 모두 암기하고 있지는 않습니까? 예를 들면 '앞에 나온 말을 받을 때', '세상에 하나밖에 없는 것을 가리킬 때' 나아가서 '관계대명사가 수식할 때'라는 규칙까지. 그러나 이것은 잘못된 방법입니다. 다음 문장을 보십시오. 이들 문장에서는 a가 아니라 the를 사용해야만 바른 문장이 됩니다.

1 John lost (a, the) right leg in a traffic accident.

존은 교통사고로 오른쪽 다리를 잃었다.

2 Seoul is (a, the) place where I was born.

서울은 내가 태어난 곳이다.

암기한 규칙만으로는 아무것도 이해할 수 없습니다. 생각해 보십시오. 만일 the 의 사용법이 복잡하고, 문법의 암기를 필요로 한다면 누구도 영어를 할 수 없을 것입니다. 그러면 어떻게 하면 좋을까요? 답은 간단합니다. 미국인이 알고 있는 매우 단순한 원칙만을 익히면 되는 것입니다. 그러면 시작해 봅시다.

the는 여러 가지 용법이 있지만 그것들은 모두 하나의 원칙에서 나온 것입니다.

the의 의미

단 하나인 것(복수일 경우에는 1개의 그룹)으로 정해진다.

이 원칙을 사용해서 (1), (2)의 예를 해설해 보겠습니다. 존의 오른쪽 다리는 몇 개 있습니까? 사람이라면 하나밖에 없습니다. 하나이므로 right leg에 the를 붙이는 것입니다. 게와 같이 오른쪽 다리가 여러 개라면 a를 사용해야 합니다. 태어난 장소도 보통 한 곳이므로 the place로 해야 합니다. 이와는 반대의 예를 생각해 봅시다. 다음의 문장은 the가 아닌 a를 사용해야 합니다.

3 Sunhee is (a, the) student of Seoul Women's University.

선희는 서울여대의 학생이다.

만일 서울여대의 학생이 선희 1명뿐이라면 the를 써야겠지요. the를 써서 the student of Seoul Women's University로 하면 한 사람뿐인 것으로 됩니다. 그러나 그런 일은 없습니다. 학교에는 많은 학생이 있고 선희는 그 중 한 사람이므로 a를 사용해야 합니다.

이것으로 the의 원칙을 이해할 수 있겠지요? 이제부터는 여러 가지 예문을 통해 더 공부해 봅시다. 단 하나뿐이라 해도 다음과 같은 여러 가지 경우가 있습니다.

1 문맥에서 단 하나로 정해지는 경우

4 I met a boy yesterday. The boy ….

어제 한 소년을 만났어. 그 소년은 ….

5 I bought a computer, but the machine is malfunctioning all the time.

컴퓨터를 하나 샀는데 줄곧 고장이야.

이들 문장에서는 앞 문장에서 a boy, a computer가 나와 있습니다. 다음 문장에서 the boy, the machine이라고 하면 '앞 문장에 나온 소년, 컴퓨터'를 가리키므로 하나로 정해집니다. 따라서 the를 사용하는 것입니다.

2 짐작으로 단 하나로 정해지는 경우

6 **It's incredible! I've just seen a patrol car, and** the driver **was driving drunk.**

믿을 수 없어요! 순찰차를 보았는데 운전자가 취해 있었어요.

7 **At last, I've bought a house!** The living room **is really big, and** the kitchen **is very user-friendly.**

드디어 집을 샀어요! 거실이 매우 넓고 부엌은 사용하기 매우 편리해요.

앞 문장에서 a patrol car, a house가 나오고 그 뒤에 the driver, the living room이라고 하면 '앞에 나온 순찰차의 운전자, 그 집의 거실'을 가리키는 것을 알 수 있으므로 하나로 결정됩니다.

3 상황적으로 단 하나로 정해지는 경우

8 [양동이가 1개 보여서]

Bring me the bucket.

양동이 좀 가져 오세요.

9 [개 한 마리가 집으로 들어와서]

Keep away from the dog.

개에 가까이 가지 마라.

말하는 사람과 듣는 사람이 같은 장소에 있는 경우, 하나로 정해지는 경우가 많습니다. (9)와 같이 개가 한 마리 집에 들어왔을 때 the dog이라고 하면 지금 보이는 개 한 마리를 가리키는 것으로 됩니다. 그러므로 the를 사용할 수 있는 것입니다. 만일 5마리의 개가 들어왔을 경우에는 어떻게 할까요? the dog이라고 하면 1마리로 되므로 이해할 수 없게 됩니다(물론 이런 경우에는 Keep away from the dogs.라고 하면 됩니다. 하나의 그룹(방에 들어온 개의 집단)으로 정해질 수 있기 때문입니다). the는 항상 단 하나로 정해질 때에만 사용할 수 있습니다.

4 　상식으로 단 하나로 정해지는 경우

10　The sun **is round.**

태양은 둥글다.

11　**Where is** the city hall**?**

시청은 어디에 있습니까?

12　The first man **that discovered America is, of course, unknown.**

최초로 아메리카를 발견한 사람은 물론 아무도 모른다.

13　**This is** the only **way to go.**

이것밖에 방법이 없다.

14　**John is** the older **of the two boys.**

둘 중에서 존이 연상이다.

15 **One is mine, the other is yours.**

두 개 중 하나는 내 것이고 다른 하나는 네 것이다.

위의 문장에서 쓰인 the는 문맥에 의해 결정되는 것도 아니고, 그때의 상황에서 정해지는 것도 아닙니다. 원래 하나밖에 없는 것이거나 only, first가 붙어 있어서 당연히 하나로 정해지는 것입니다. (11)은 시(市)의 시청은 하나밖에 없으므로 the를 사용하는 것입니다. 그렇지만 상식으로는 하나밖에 없는 것이라도 문맥상 여러 개가 있을 수 있는 경우에는 the를 붙일 수 없습니다. 예를 들면 이 세계 이외의 다른 많은 세계를 가정하는 경우에는,

16 **The proposition might be true in a world, but not in others.**

그 명제는 어떤 세계에서는 옳을지 모르지만 다른 세계에서는 그렇지 않을 수 있다.

와 같이 해야 합니다.

5 공통의 지식에서 하나로 정해지는 경우

말하는 사람과 듣고 있는 사람이 묵시적으로 무엇을 가리키는지 알고 있을 때에도 the를 사용할 수가 있습니다. 예를 들면 John과 Jinwoo는 Mary가 자주 가는 가게를 알고 있습니다.

17 John : **Where is Mary?**

메리 어디 있니?

Jinwoo : She has gone to the shop, as usual.

항상 가는 그 가게에 갔어.

어떻습니까? 어떤 경우라도 the는 단 하나로 정해지는 것이라는 매우 간단한 원칙으로 사용되고 있다는 것을 알 수 있겠지요. 그렇지만 위의 5가지의 '사항'을 암기하려고 하지는 마십시오. '단 하나로 정해진다'라는 것만을 잊지 말도록 노력하십시오.

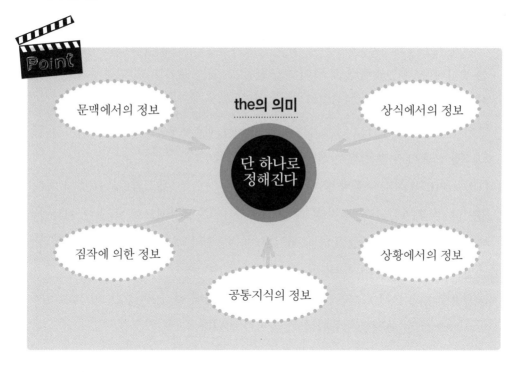

기본적인 사항들을 배웠으니까, 이제 다음 세 문장의 의미의 차이를 생각해 봅시다. a를 쓸 때와 the를 쓸 때는 뉘앙스가 다릅니다(뜻이 바뀌는 부분에는 밑줄을 그어 놓았습니다).

18 Here is (a, the) present I got from my boyfriend.

이것이 남자친구에게서 받은 _____ 선물이에요.

19 Aspirin is (a, the) remedy for a headache.

아스피린은 _____ 두통약입니다.

20 Love is (a, the) reason to get married.

사랑이 결혼하는 _____ 이유입니다.

'단 하나로 정해지는 것'이라는 점을 이해하면 뉘앙스의 차이는 금방 알 수 있을 것입니다. 자연스럽게 그 차이를 구별할 수 있는 분은 이제 미국인과 정확한 의사소통을 할 수 있을 것입니다.

(18) the를 쓰면 하나로 정해지므로 선물을 하나밖에 받지 못했다는 의미가 되고, a를 사용하면 받은 많은 선물 중 하나를 뜻합니다.

(19) a를 쓰면 여러 두통약 중 하나를 가리키는 것으로 '아스피린은 두통의 치료약이다'의 의미입니다. 그런데 the를 쓰면 하나로 결정되므로 '유일한 치료약' 즉 '가장 좋은 치료약'을 뜻하게 됩니다. 즉 '두통의 치료약으로는 아스피린 밖에 없다'라는 강한 의미를 내포하게 됩니다.

(20) a를 쓰면 '사랑은 여러 가지 결혼 이유 가운데 하나이다'정도의 의미이지만, the를 쓰면 '유일한 이유다'라는 의미가 됩니다.

이것으로 기본적인 것은 모두 마치겠습니다. 이제부터는 실제 연습을 해 보기로 하겠습니다.

다음에 있는 영문은 기행문의 한 구절입니다. 어떤 느낌으로 a / the를 선택하고 있는지를 생각하면서 읽으십시오. 자신이 쓰고 있다고 생각하면서 자신이라면 여기에서는 어떻게 할지 생각하며 읽어 보십시오.

It was already dark when we reached ①the hotel. It was ②an old chinese hotel which had recently been renovated, and there was ③a beautiful green jade carving in ④the lobby. ⑤The receptionist was friendly and efficient and it wasn't long before we found ourselves in ⑥ a spacious, oriental-style room where we collapsed, exhausted, after such ⑦a long journey.

⑧The next morning, ⑨the rain was still pouring down but we didn't mind as we were so excited to be back in Singapore, ⑩a city we love, and so happy to have escaped from ⑪the cold of Seoul! In any case, soon we would be enjoying ⑫the sunshine, beaches and crystal clear waters of Langkawi island. Yes, this promised to be ⑬a really great holiday!

해 석

호텔에 도착했을 때는 이미 어두웠다. 그 호텔은 최근에 수리된 낡은 중국식 호텔이었고 로비에는 아름다운 비취 조각이 있었다. 접수계는 친절하고 능숙했으며 우리는 곧바로 널따란 동양적인 방에 안내되었다. 긴 여행 뒤였으므로 우리는 그곳에서 피로해서 쓰러졌다.

다음 날 아침, 비는 계속 세차게 내리고 있었지만 상관하지 않았다. 왜냐하면 사랑하는 도시 싱가포르에 다시 돌아온 것에 조금 흥분되어 있었고 서울의 추위에서 도망쳐 나올 수 있어서 매우 기뻤기 때문이었다. 어쨌든 곧 랭카위 섬의 태양, 해변, 그리고 맑은 바다를 즐길 수 있게 된 것이다. 정말로 좋은 휴가가 될 그런 기분이었다.

① the를 사용한 것은 예약 등의 이유로 해서 이미 그들(문장에서는 we)이 이 호텔을 알고 있기 때문이다.

② 여러 중국식 호텔 중의 하나

③ beautiful green jade carving은 여러 개가 있으며, 그 중의 하나라는 의미

④ 앞에 호텔의 로비를 가리키므로 하나로 정해진다.

⑤ 그 호텔의 접수계

⑥ 그와 같은 방은 여러 개가 있기 때문이다.

⑦ such(이와 같은, 그와 같은)가 붙어 있다. 물론 하나로 정해지지 않는다.

⑧ 앞 단락의 사건이 일어난 다음 날이라는 것이므로 하나로 정해진다.

⑨ the가 쓰여 있고 still이 있는 것에서 전날부터 계속 비가 내리고 있다는 것을 알 수 있다.

⑩ 그들이 좋아하는 여러 도시 중 하나라는 의미. 만일 싱가포르만을 좋아한다면 the를 쓰면 된다.

⑪ cold of Seoul(서울의 추위)은 하나로 정해진다.

⑫ 특정 장소(Langkawi island)의 sunshine, beaches … 등에서 하나로 정해진다.

⑬ 여러 really great holiday 중 하나

어떻습니까? 우리가 생각하는 것보다도 훨씬 많은 정보를 a / the가 가지고 있다는 것을 알 수 있겠지요. 다른 예를 들어 보겠습니다.

Sunhee : What do you think of ①the new Korean-League?

Chris   : I think it was ②a great idea to start it. Its's become popular so quickly, hasn't it?

Sunhee : Yes. Have you been to ③a game yet?

Chris   : Yes. I saw ④the match between Pohang and Suwon. Although it was ⑤a freezing afternoon, none of ⑥the fans seemed to notice as they were so excited!

Sunhee : Sounds like you had ⑦a wonderful time. You know, of all ⑧the Korean-League players, I think Unjae Lee is ⑨the most ··· er ··· 'MUCHIDA'. How do you say 'muchida' in English?

Chris   : It's ⑩a difficult word, that one, but I guess 'fantastic' or, maybe, 'fascinating' would be ⑪the best translation.

Sunhee : Oh, O.K. Thanks. By the way, why don't we go to ⑫a game together?

Chris   : Sure.

해 석

선희   : 코리안 리그, 어떻게 생각해?

크리스 : 그것을 시작한 것은 대단한 아이디어였어. 무서운 기세로 인기를 얻었지.

선희   : 그래. 벌써 시합을 보러 갔었니?

크리스 : 응, 포항과 수원의 경기를 봤어. 매우 추운 오후였는데도 팬들은 흥분해서 아무도 그것에 신경 쓰지 않는 것 같았어.

선희   : 매우 재미있었던 것 같구나. 코리안 리그 선수 중에서 이운재가 제일 음 ··· '멋지다'고 생각해. '멋지다'는 영어로 어떻게 말하지?

크리스 : 어려운 단어야. fantastic 또는 fascinating이 가장 적합하다고 생각해.

선희 : 음. 알겠다. 고마워. 그런데 함께 시합 보러 가지 않을래?

크리스 : 좋아.

해설

① 코리안 리그는 하나

② great idea는 이것만이 아니고, 가능한 많은 great idea 중 하나를 의미

③ 특정의 경기 하나를 가리키는 것은 아니다.

④ 특정의 경기 하나를 가리키고 있다.

⑤ 많은 freezing afternoon 중의 하나이므로

⑥ 불특정한 fan이 아니고 그 경기에 온 fan이므로 하나로 정해진다.

⑦ 여러 wonderful time 중 하나. the를 쓰면 그들이 보낸 wonderful time 은 하나뿐이라는 것을 의미하므로 어색하다.

⑧ Korean-League players는 특정의 한 그룹으로 정해진다.

⑨ 최상급 형용사. '가장 ~인' 것은 하나뿐이다.

⑩ difficult word는 물론 하나만 있는 것은 아니다.

⑪ '가장 좋은 번역'이라고 형용사 최상급이 사용되고 있는 점에 유의

⑫ 특정한 한 경기를 가리키는 것이 아니다.

이제 a / the에 관한 설명을 마칩니다. 어감을 충분히 이해할 수 있겠습니까? 여러분은 이제 a / the에 관해서는 미국인만큼 정확한 어법을 구사할 수 있게 되었습니다. 조금이라도 어색한 표현은 사용하지 마십시오. 이제부터는 실제로 영어를 사용하면서 여기서 배운 어감을 충분히 연습해 보십시오.

마지막으로 연습문제를 해 봅시다.

EXERCISE

♣ 다음의 ①~⑬에 a 또는 the를 써 넣으시오. 모두 필요하지 않을 경우에는
×표를 하십시오.

Sunyoung, like most of ①(   ) students at her College, has
②(   ) part-time job. She works at ③(   ) family restaurant
not far from her home. Although she usually likes ④(   )
job, sometimes it can be very tiring and ⑤(   ) boss can be
unpleasant.

One evening last week, ⑥(   ) male customer was very rude to
her, making ⑦(   ) personal comment about her appearance.
Sunyoung was most upset but said nothing and simply served
⑧(   ) man his food as quickly as possible.

She wanted to forget ⑨(   ) incident, but just as she was about
to go home ⑩(   ) boss called her and told her off in a really
loud voice. He said that he had received ⑪(   ) complaint from
one of ⑫(   ) customers and that she must learn to be more
respectful. She tried to explain but her boss wouldn't listen.

That night, Sunyoung decided to quit her job and to try to find
⑬(   ) better one, where she would be treated more fairly.

선영이는 그녀가 다니고 있는 대학의 모든 학생들처럼 아르바이트를 하고 있다. 집에서 멀리 떨어지지 않은 패밀리 레스토랑에서 일하고 있다. 그 일을 좋아하지만 피곤할 때도 있고 사장이 불쾌하게 할 때도 있다.

지난 주 저녁 매우 무례한 남자 손님이 있었다. 그녀의 용모를 놀려댔다. 선영이는 매우 불쾌했지만 아무 말도 하지 않고 간단하게 주문을 받았다.

선영이는 그 일을 잊고 싶었다. 그러나 그녀가 퇴근하려고 할 때 사장이 그녀를 불러서 큰 소리로 꾸짖었다. 손님 한 명에게서 불평이 있었다고 한다. 좀 더 정중히 손님을 대접하라는 것이었다. 선영이는 (사정을) 설명하려고 했지만 들으려고 하지 않았다.

그날 밤 선영이는 그 아르바이트를 그만두고 좀 더 대등하게 대접해 주는 더 나은 일자리를 찾기로 했다.

정답

① **the**
물론 students는 복수이므로 a는 쓸 수 없다. most of라는 형태는 매우 주의해서 써야 한다. most of Korean과 같이 잘못 쓰는 경우가 많다. most Korean, most of the Korean이 바른 용법이다. (most of the Korean은 한국인이라고 하는 특정한 한 집단 내의 대부분이라는 의미)

② **a**
이 단계에서는 물론 하나로 정해지지 않는다.

③ **a**
a가 제일 적합. 그러나 만일 패밀리 레스토랑이 그녀의 집 근처에 하나밖에 없다면 the도 가능하다. (만일 하나밖에 없더라도 보통 a를 쓴다. '하나밖에 없다'라는 것을 강조할 필요는 없기 때문)

④ **the**
문맥에서 패밀리 레스토랑에서의 아르바이트로 하나로 정해진다.

⑤ **the**
이미 패밀리 레스토랑이 나와 있다. 그곳의 boss는 한 명일 것이다.

⑥ **a**
남성 손님이라는 것만으로는 하나로 정해지지 않는다.

⑦ **a**

어떤 코멘트인지 이 단계에서는 정해지지 않는다.

⑧ **the**

이미 문맥에서 어떤 man인지 정해진다.

⑨ **the**

어떤 incident에 관하여 말하고 있는지 알 수 있다.

⑩ **the**

이미 boss가 누구인지는 알 수 있다.

⑪ **a**

(7)과 같다.

⑫ **the**

(1) 참고

⑬ **a**

이 시점에서 선영이가 어떤 직업을 가질지는 알 수 없다.

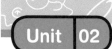

셀 수 있는 것과 셀 수 없는 것

여기서는 우리가 매우 어려워하는 또 하나의 문법사항에 관해 설명하겠습니다. 그것은 셀 수 있는 명사와 셀 수 없는 명사의 구별입니다. 우리말의 명사는 사용할 때 셀 수 있는 명사로 사용할 것인지, 셀 수 없는 명사로 사용할 것인지에 관해서는 전혀 생각할 필요가 없지만 영어에서는 그 구별을 항상 염두에 두어야 합니다. 이 구별이 우리에게 있어서는 정말 쉽지 않은 문제입니다. 그러나 어렵다고 피해갈 수는 없습니다. 미국인들은 이 구별을 통해서 다양한 정보를 교환하기 때문입니다.

우리말에선 '물'이나 '개' 등 그 성질이 다른 사물이더라도 언어상에서는 같이 취급합니다. 하지만 영어에서는 water와 dog은 다르게 취급합니다.

water	**a water***	셀 수 없는 명사
waters*	**the water**	

dog*	**a dog**	셀 수 있는 명사
dogs	**the dog**	

셀 수 없는 명사는 a를 붙이거나 복수형으로 할 수 없습니다(물론 복수형을 요구하는 one, two 등의 수를 나타내는 말, many, few, several, both 등 셀 수 있는 것이 전제로 되어야 하는 말도 모두 사용할 수 없습니다).
셀 수 있는 명사는 단수일 때, 관사 없이 사용할 수 없습니다.

이와 같이 특징을 열거하는 것은 간단하지만, 실제 생활에서 셀 수 있는 명사와 셀 수 없는 명사를 구별하기란 쉬운 일이 아닙니다. 그것은 미국에서 오랫동안 생활해 보지 않으면 알 수 없는데, 그 이유는 사물의 인식 방법이나 문화적 배경 등이 얽혀 있기 때문입니다. 게다가 더욱 구별을 어렵게 만드는 것은 모든 명사가 셀 수 있는 명사와 셀 수 없는 명사로 결정되어 있는 것은 아니라는 점입니다. 같은 단어(명사)인데도 불구하고 어떤 때는 셀 수 있는 명사, 어떤 때는 셀 수 없는 명사로 문장 속에 등장합니다.

1 셀 수 있는 명사와 셀 수 없는 명사의 구별

셀 수 있는 명사, 셀 수 없는 명사의 전형적인 예를 각각 들어 봅시다. 머리에 바로 떠오르는 것은 다음과 같은 단어들입니다.

1 셀 수 있는 명사

dog, cat, girl, boy, pen …

2 셀 수 없는 명사

water, oil, wine, coffee, tea …

이 예에서 어떤 것을 알 수 있습니까? 셀 수 없는 명사는 '형태가 없다', '경계선

이 확실하지 않다'라는 특징이 있다는 것을 알 수 있겠지요. 즉 '균질적(나눌 수 있고 나누어도 성질이 변하지 않는다)'이라고 말할 수 있습니다. 반면에 셀 수 있는 명사는 '확실하고 구체적인 형태가 있다', '확실히 성립되어 있다', '균질적이지 않다' 등의 특징이 있습니다.

여기에서 알 수 있는 구별, 즉 '구체적이고 성립되어 있다'라는 기준은 셀 수 있는 명사와 셀 수 없는 명사를 구별할 때에 중요한 기준이 됩니다.

그러면 실험을 해 봅시다. '구체적인 형태를 가진' 펜 한 개를 믹서기에 넣고 갈았다고 가정합시다. 이 상태의 펜을 영어로는 어떻게 표현할까요?

3   **[보통의 상태]**

There is a pen here.

여기에 펜이 있습니다.

4   **[액체 상태로 된 뒤]**

Pen is all over.

펜은 끝장났다.

자, 펜도 셀 수 없는 명사로 쓰일 수 있다는 것을 알 수 있겠지요. 계속해서 이번에는 다른 예를 들어 봅시다. 이번에는 좀 더 일상적인 예입니다.

5   **[커피숍에서]**

John ordered three coffees.

coffee 자체는 구체적인 형태를 가지고 있지 않지만, 커피숍에서 파는 커피는

컵에 담아서 내오므로 형태를 가지고 있다고 볼 수 있습니다. 그러므로 한 잔 두 잔 셀 수 있는 되는 것입니다. 이 간단한 예에서 셀 수 있는 명사와 셀 수 없는 명사의 구별에는 이 구체적인 형태의 유무라는 감각이 특히 중요하다는 것을 알 수 있습니다.

이러한 원칙을 이해하고 미국인의 감각을 예문을 통해서 공부해 봅시다. 먼저 같은 의미의 문장부터 시작합니다.

6 a. **I ate** a cake **yesterday.**

b. **I ate** cake **yesterday.**

a.는 셀 수 있는 명사로 사용되고 있으므로 어떤 형태로든 완성되어 있는 케이크 하나를 의미합니다. 그런데 b.는 다릅니다. 어떤 완성된 것을 염두에 두지 않고 단지 '케이크를 먹었다'라고만 말하고 있는 것입니다.

7 a. **We had** a delicious turkey **at Thanksgiving.**

추수감사절에 맛있는 칠면조를 먹었다.

b. **It is traditional to eat** turkey **at Thanksgiving.**

추수감사절에 칠면조를 먹는 것은 전통적인 습관이다.

(7) a.의 a delicious turkey는 칠면조 한 마리가 통째로 식사에 나온 것을 의미하지만, b.는 한 마리, 두 마리 셀 수 있는 완성된 구체성이 없습니다. 완성된 구체성은 염두에 두지 않고 단순히 '칠면조 고기'를 먹었다라고 만 말하고 있는 것입니다.

8 **a.** **Jane put an apple in the salad.**

b. **Jane put apple in the salad.**

제인은 사과를 샐러드에 넣었다.

a. 문장을 보고 재미있는 문장이라고 이해하는 분은 이제 미국인과 가까운 어감을 지니고 있다고 할 수 있습니다. 두 문장 모두 '샐러드에 사과를'이라는 의미지만 a.는 셀 수 있는 명사로 apple이 사용되고 있습니다. 그렇다면 완성된 구체성을 가진 것을 의미하므로 '사과 하나를 그대로'로 되어 버립니다. 재미있지요? 종합해 봅시다.

셀 수 있는 명사

완성되어 있고 구체성이 있다

이것이 원칙입니다. 이 원칙에 따라 garlic(마늘)은 셀 수 없는 명사로, onion(양파)은 셀 수 있는 명사(로 사용되는 경우가 많다)로 쓰입니다. 왜 양파는 셀 수 있고, 마늘은 셀 수 없는 것일까요? 요리를 해 본 분은 곧 알 수 있을 것입니다. 마늘은 다지거나 갈아서 사용하지, 원형 그대로는 사용하지 않기 때문입니다. 양파도 수프 등에 넣어서 원형이 없어져 버릴 때에는 셀 수 없는 명사로 사용합니다. 이렇게 하다보면 거의 모든 단어를 설명해야 하는 데까지 이르게 됩니다. 영미인(英美人)이 사물을 보는 방법(또는 문화적 배경)에까지 언급을 해야 하기 때문입니다. 그러나 위에서 설명한 원칙으로 구별한다는 점을 알고 있으면 그다지 어렵지 않게 익힐 수가 있습니다. 이 원칙을 확실히 이해해서 실제 영어에 적용해 보십시오.

자, 이제부터 본론입니다. 좀 더 복잡한 설명을 하겠습니다만 위의 원칙은 변하지 않으므로 확실히 기억해 두십시오.

대원칙으로 제시한 구체적이고 완성되어 있다라는 구별은 위에서 살펴 본 것처럼 눈으로 볼 수 있는 명사뿐만 아니라 더욱 추상적인 명사에 대해서도 사용할 수 있습니다.

9 **a. Love is blind.**

　　사랑은 맹목적이다.

　　b. A love like this can rarely be found nowadays.

　　이와 같은 사랑은 오늘날 거의 찾을 수 없다.

a.의 love는 매우 일반적이고 막연한 의미밖에 없고 전혀 구체적이지 않습니다. 이에 비해서 b.의 love는 어떻습니까? '이와 같은 사랑'이라고 말하고 있으므로 '사랑'이 구체성을 띠고 있다는 것을 알 수 있습니다.

10 **a. My overseas business is going well.**

　　b. My overseas businesses are going well.

　　나의 해외 사업은 잘 되고 있다.

a.의 경우는 '해외 사업'이라는 사업 전체를 막연하게 나타내고 있습니다만, b.는 다릅니다. 개개의 구체적인 사업을 몇 개 머리에 떠올리면서 말하고 있다는 것을 알 수 있습니다.

11   a. **It's difficult to express** emotion.

   b. **It's difficult to express** emotions.

감정을 표현하는 것은 어렵다.

a.는 그저 막연한 '감정'을 말하고 있는 것에 지나지 않습니다만, b.는 희로애락
과 같은 구체적인 개개의 감정을 염두에 두고 말하고 있는 것입니다.
점점 핵심을 이해할 수 있지 않습니까? 그러면 조금 더 공부해 봅시다.

12   a. **Most people like** summer.

대부분의 사람들이 여름을 좋아한다.

   b. **I hope we never have** a summer like this **over
   again.**

이러한 여름은 두 번 다시 오지 않았으면 합니다.

b.는 구체적인 여름을 가리키고 있습니다.

13   a. **We had** a lot of wine **at the party.**

파티에서 술을 많이 마셨어요.

   b. **They serve** various wines **in this restaurant.**

이 레스토랑에서는 여러 가지 술을 제공하고 있습니다.

술은 보통 구체성이 없기 때문에 셀 수 없습니다.

그러나 술의 종류를 말할 때는 구체성이 있다고
할 수 있습니다. 그러므로 셀 수 있는 명사로 쓸 수
있는 것입니다.

14   **a. There is** lots of food **here.**

여기에는 많은 음식이 있다.

b. There are lots of foods **in the world.**

세계에는 많은 음식이 있다.

a.는 단순히 '음식'을 말하고 있지만, b.는 셀 수 있는 음식 즉 여러 가지 음식의
종류를 염두에 두고 말하고 있는 것입니다.
이것으로 설명을 마칩니다. 이제부터는 실제로 영어를 접해보면서 감각을 기르
도록 해 봅시다.

다음의 문장을 읽고 셀 수 있는 명사 또는 셀 수 없는 명사를 선택한 이유를 잘
생각해 보십시오.

"I can't sleep. There's too much ①anoise," Sunhee said. "Of
course! There are all kind of ①bnoises coming from the street.
We're in the center of Paris, after all!" said Mina.
Even though it was ②awinter, and a very bad ②bwinter at that,
the girls chose to go to France for their graduation trip. They had
dreamed of trying French ③awine and ④acheese, but they didn't

realize there ware so many ③bwines and ④bcheeses to choose from. It is said that there is a different French cheese for every day of the year! ⑤aTradition is important in all European countries and fine 'cuisine' is certainly one of France's most respected ⑤btraditions.

Another attraction of Paris is, of course, ⑥aromance! It is always in the air and both Sunhee and Mina were hoping to find a special ⑥bromance during their stay.

해석

'잘 수가 없어. 너무 시끄러워'라고 선희가 말했다. '당연하지! 거리에서 여러 가지 소리가 들려. 우리는 드디어 파리에 왔어'라고 미나가 말했다.

계절은 겨울, 그것도 매우 추운 겨울이었지만 두 여자는 졸업여행으로 프랑스를 선택했었다. 프랑스 와인이나 치즈를 먹고 싶었기 때문이었지만, 이렇게 많은 종류의 와인과 치즈가 있다는 것을 그녀들은 알지 못했다. 프랑스에는 1년 내내 매일 다른 종류의 치즈를 먹을 수 있을 정도로 치즈 종류가 많다고 한다. 모든 유럽 국가들이 전통을 중요시하고 있지만 '요리'는 프랑스의 여러 전통 중에서도 가장 존경스럽게 취급되는 것 중의 하나이다.

파리의 또 하나의 매력은 물론 로맨스이다. 거리에는 항상 로맨스의 향기가 떠다니고, 선희와 미나도 프랑스에 있는 동안 멋진 로맨스를 기대하고 있었다.

해설

① a much가 쓰인 것에서도 알 수 있듯이 일반적인 noise(소음)이다. 단지 '매우 시끄럽다'라고 말하는 것이다.

   b 이번에는 셀 수 있는 명사로 되어 있으므로 구체적인 소리 즉, 고양이이 또는 개의 소리, 자동차 소리, 사람의 소리 등 개개로 인식할 수 있는 소음 (individual, recognizable sounds)이다.

② a 단지 막연하게 계절을 말하고 있다.

b 특정한 어떤 종류를 말할 때는 다른 것과 구별될 수 있는 구체성이 있으므로 셀 수 있는 명사로 된다. 예를 들면 the winter of 2008, a terrible winter 등. 본문의 경우도 이와 같이 생각할 수 있다.

③ a 조금도 구체성이 없고 단지 '와인'을 일컫는다.

b 와인의 종류를 나타내고 있다(예를 들면, Burgundy[버건디], Claret[크래릿], Bordeaux[보르도] 등).

④ a 단지 '치즈'를 일컫는다.

b 치즈의 종류를 나타낸다(예를 들면, Camembert[가망벨], brie[브리], gruyére[그류이에르] 등).

⑤ a 일반적인 문화적 관습을 말하고 있다.

b 다양한 구체적인 관습을 말하고 있다.

⑥ a 전혀 구체적이 아닌 일반적으로 말하는 로맨스

b 이 여자들이 누군가와 만나서 하려고 하는 구체적인 로맨스

Mina   : ①Love is a popular theme in Western music, isn't it?

Nancy   : Yes, it is. I was listening to some old Beatles' songs last night, and they were full of lines like: "Love is all you need." and "②A love like ours will never die." But true love doesn't seem to be so easy to find these days. In the U.S. and Europe, ③divorce is becoming more and more common.

Mina   : In Korea, too, the number of ④divorces is increasing year by year.

Nancy	: Uum ⋯ So, do you think ⑤marriage is bad?
Mina	: No, not at all. I want to have ⑥a really happy marriage, so I'm going to choose my partner very carefully!
Nancy	: Me too! My future husband will have to have lots of ⑦qualities, such as ⋯.
Mina	: Oh, my God! I have to go. I'm late for my date! Sorry. Bye!
Nancy	: But ⋯ but ⋯ Minaaaa ⋯!

해석

미나 : 사랑은 서양음악에서는 흔한 주제이지?

낸시 : 맞아. 어제 밤 비틀즈의 옛 노래를 듣고 있었는데, "Love is all you need." 나 "A love like ours will never die." 등의 가사가 많이 나왔어. 그런데 오늘날에는 정말로 사랑이라고 말할 수 있는 것은 없는 것 같아. 미국이나 유럽에서는 이혼이 점점 늘어나고 있잖아.

미나 : 한국도 이혼의 건수가 매년 늘고 있어.

낸시 : 그렇구나, 결혼이 나쁘다고 생각하니?

미나 : 아니. 나는 정말로 행복한 결혼을 하고 싶어. 그래서 배우자를 신중히 고를 거야.

낸시 : 나도 그래. 내 미래의 남편은 자질이 풍부해야 해. 예를 들면 ⋯.

미나 : 맙소사. 가봐야 해. 데이트에 늦었어. 미안해. 안녕!

낸시 : 그런데 미나 ⋯!

해설

① 구체성이 없는 막연한 love를 말하고 있다.

② 여기에서는 노래 속에 나오는 두 사람 사이의 love이므로 구체성을 띠고 있다.

③ 일반적인 '이혼'을 말하고 있다.

④ 실제적으로 일어난 구체적인 개개의 이혼 수가 문제가 되고 있다.

⑤ 일반적인 '결혼'에 관해 말하고 있다.

⑥ 구체적인 결혼(그녀의 결혼)에 관해 말하고 있다.

⑦ quality는 셀 수 없는 명사로 general excellence(자질, 자격)를 나타낼 수 있지만 여기에서는 개개의 구체적인 quality를 나타내므로 셀 수 있는 명사로 되어 있다.

셀 수 있는 명사와 셀 수 없는 명사의 구별, 어떻습니까?

매우 미묘하지만 그 구별법은 이해했으리라고 생각합니다. 마지막으로 연습문제를 해 봅시다.

♣ 다음의 ①~⑩은 셀 수 있는 명사를 사용하는 것이 좋을까요, 셀 수 없는 명사를 사용하는 것이 좋을까요? 그 이유를 잘 생각해서 고르세요.

At Kathy's House

Kathy : Oh, hi, Ann! Come in.

Ann : Thanks, Kathy.

Kathy : Good timing; I've just made ①a / chocolate cake.

Ann : Great. I love ②a / chocolate cake!

Kathy : Would you like ③a / tea or ④a / coffee?

Ann : ⑤A / coffee, please.

Ann : Mmm ⋯ this is delicious!

Kathy : Thanks. So, what's up?

Ann : Well, I dropped by to ask for ⑥a / help again. Last time I had a problem, you were ⑦a / great help to me.

Kathy : Sure. Tell me about it.

Ann : Well, it's about my eldest daughter. She's crazy about ⑧a / sport, which is O.K., but she isn't giving enough ⑨time / times to her ⑩study / studies. Her grades this semester were terrible!

Kathy : Oh, I see. Well, I have a few suggestions. Listen ⋯.

캐시의 집에서

캐시 : 안녕, 앤! 들어와.

앤시 : 고마워, 캐시.

캐시 : 잘 왔어, 마침 초콜릿 케이크를 만들었거든.

앤시 : 좋아. 나 초콜릿 케이크 정말 좋아해!

캐시 : 차나 커피 마실래?

앤시 : 커피 부탁해.

앤시 : 음 … 이거 정말 맛있구나!

캐시 : 고마워. 그래, 무슨 일이야?

앤시 : 저, 부탁 하나 하려고 들렀어. 지난 번 문제 생겼을 때, 네가 나에게 큰 도움이 되었거든.

캐시 : 물론이야. 나한테 말해봐.

앤시 : 저, 내 큰 딸에 대한 건데. 그 애는 스포츠에 미쳐있어. 그것도 좋아. 그런데 그 애는 공부에는
시간을 충분히 할애하지 않아. 이번 학기 성적은 형편없었어!

캐시 : 오, 알았어. 저, 나한테 몇 가지 제안이 있어. 들어봐 ….

정 답

① **a chocolate cake**
Kathy가 만든 구체적인 하나의 초콜릿 케이크에 관하여 말하고 있다.

② **chocolate cake**
여기에서는 Ann은 Kathy가 만든 특정한 초콜릿 케이크는 아니고 일반적으로 막연하게 초콜릿
케이크를 좋아한다고 하고 있다.

③ **tea**
특정의 구체적인 tea를 생각하고 있는 것은 아니고 막연히 홍차입니까? 라고 묻고 있기 때문. 물
론 종류(Parjeeling 또는 Earl Grey 등)를 말할 때에는 셀 수 있는 명사로 사용한다.
There are many different teas in the world. (세계에는 많은 종류의 차가 있다.)

④ **coffee**
③과 같다.

⑤ 모두 맞다.

coffee : 구체적이지 않은 일반적인 것을 말하는 것이다. 가장 일반적인 대답

a coffee : 이것도 또한 자연스러운 응답이 될 수 있다. 물론 구체적인 cup of coffee를 의미한다.

tea인 경우는 a tea라고 하지 않는다. tea는 cup이 아닌 pet로 가져오는 관습 때문인 것 같다.

⑥ **help**

help는 셀 수 없는 명사로 사용되는 수가 많다. 단순히 '도움'이라고 막연하게 말하고 있다.

⑦ **a (great) help**

help는 때때로 셀 수 있는 명사로 사용될 수도 있다. 셀 수 있는 명사이므로 구체성이 있다. '도움이 된 사람 · 물건'으로 구체성이 느껴지므로 셀 수 있는 명사로 되는 것이다. 예를 들면 친구가 당신에게 책을 빌려 주었다고 하면,

Thanks. That was a great help.[= The dictionary helped you.]

Thanks. You were a great help.[He / She helped you.]

로 사용할 수 있는 것이다.

⑧ **sport**

어떤 구체적인 스포츠를 염두에 두지 않으면 셀 수 없는 명사로 쓴다. '다수의'라는 뉘앙스를 나타내고 싶은 경우에는 sports라고 해도 좋다.

⑨ **time**

막연히 '때 · 시간'을 말할 때는 물론 셀 수 없는 명사로 한다. 그러나 횟수를 말하거나(three times, four times) 어떤 행동이 행해진 구체적인 시간이 되면 셀 수 있는 명사로 된다(have a good time).

⑩ 모두 맞다.

study라면 단순히 '공부, 연구'를 말하지만, studies라고 하면 공부하고 있는 개개의 내용을 의식하고 있는 표현으로 된다.

any의 의미

이 절의 주제는 any입니다. any는 중학교 1학년 과정에 나오는 기본적인 단어이지만 잘못 사용하는 사람이 많은 것 같습니다. 중학교나 고등학교에서 'any는 '얼마간의'라는 의미이고, 의문문 또는 부정문에서 some을 대신 한다', 'not ~ any는 '전혀 ~아니다'라는 의미이다', 'any는 의문문에서는 번역을 하지 않을 수도 있다'라는 '규칙'을 가르치는 것을 보았습니다. 미국인은 이러한 복잡한 규칙을 암기해서 any를 사용하고 있지 않습니다.

그러면 이제부터 any에 관해 설명하도록 하겠습니다. 사실 단순한 의미만 알면 됩니다.

any의 용법은 종래의 문법서를 따르면 다음과 같습니다.

1 부정문

I didn't see anybody.

아무도 만나지 않았다.

2 비교구문

He is taller than anybody in his class.

그는 학급에서 누구보다 키가 크다.

49

3 **의문문**

Has any boy come?

어떤 소년이 왔었니?

4 **조동사문**

Any child can do that.

어떤 아이도 할 수 있어요.

5 **조건절**

If you eat any candy, I'll punish you.

조금이라도 캔디를 먹으면 벌을 주겠어.

any는 '얼마간의'라는 뜻이 중심 의미가 아님은 다음 예문에서 곧바로 알 수 있습니다.

6 **시험 후에 한 학생이 친구와 말하고 있다.**

a. **I'm not sure I'll pass because I didn't know the answer to some of the questions.**

b. **I'm sure I won't pass because I didn't know the answers to any of the questions!**

a.는 '몇 개인가의 문제를 풀지 못해서 시험에 합격할지 어떨지 모르겠다'이지만, b.는 '모든 문제를 풀지 못해서 시험에 합격할 수 없다.'라고 하고 있는 것입니다.

미국인이 알고 있는 any의 의미는

any의 의미

선택의 임의성(어떤 ~이라도)

라는 것뿐입니다. 즉, '생각하고 있는 것은 어떤 것이라도 가져도 좋다'라는 의미입니다. 위의 예를 다시 생각해 봅시다.

(1) 어떤 사람이라도 그 사람은 만나지 않는다.(누구라도 만나지 않는다.)

(2) 그의 학급의 진우, 철우 등 어떤 누구보다 그는 키가 크다.(다른 누구보다도 키가 크다.)

(3) 어떤 소년이라도 좋으니까.

(4) 어떤 아이를 선택하더라도.

(5) 어떤 (종류) 캔디라도.

우리가 any에 관하여 알아두어야 하는 것은 위의 원칙뿐입니다. 물론 이 선택의 임의성이 있는 문장이라면 어떤 문장에도 any를 사용할 수 있습니다.

7   **Choose any cake.**

어떤 케이크라도 좋으니까 고르세요.

8   **Any man normally loves a woman.**

보통 누구나 남자는 여자를 좋아한다.

9   **Any Shakespeare play is worth reading.**

어떤 셰익스피어 희극도 읽을 만한 가치가 있다.

독자들은 이제 왜 any가 평서문에 쓰이기 어려운지를 알 수 있겠지요? 다음 문장이 어색한 이유를 알 수 있겠습니까?(주: *표는 의미가 어색한 문장을 나타냅니다.)

10   **John met anybody.***
(cf. John met somebody)

이 문장은 '누군가를 만났다'라는 것을 말하고 있는 것 같은데 어색하지요? '아무라도 만났다'로 되어서 의미가 어색해집니다.
중요한 것은 평서문에는 any가 쓰이지 않는다고 하는 것이 아니라 선택의 임의성이라는 점을 알아 두는 것입니다.

♣ any를 바르게 사용한 것을 고르세요.

1. John was talking to anybody on the phone when I came in.

2. You can borrow any book in the library.

3. Any movie is O.K. with me.

4. I gave any presents to my boyfriend.

5. I can't find the way to any of these places.

1. 내가 들어갔을 때 존은 전화로 누군가와 통화하고 있었다.

2. 도서관에서 어떤 책을 빌려도 좋아요.

3. 나는 어떤 영화라도 좋아요.

4. 나는 남자친구에게 어떤 선물을 주었다.

5. 나는 어떤 장소로 가는 길도 모르겠다.

1. '누군가와 말하고 있었다'이므로 '아무라도'는 아니다.

2. 어떤 책을 빌려도 좋아요.

3. 어떤 영화라도 좋아요.

4. 무엇인가를 주는 것이므로 '아무거나'는 아니다.

5. 어떤 장소로 가는 길도 모르겠다.

2, 3, 5

Part 03
부정문

Unit 01

부정문

여기서는 부정(否定)에 대해 공부합니다. 여러분은 '전체부정', '부분부정'과 같은 '규칙'이 어렵다고 느낀 적은 없습니까? '그렇다'라고 하는 사람은 이 Part를 읽고 그런 '규칙'을 잊어버리십시오. 그 대신에 더욱 도움이 되는 것을 가르쳐 드리겠습니다.

먼저 다음의 문장으로 머리를 훈련해 봅시다.

1 **a. You must not step onto the grass.**

　　잔디에 들어가서는 안 됩니다.

　b. You may not step onto the grass.

　　잔디에 들어가서는 안 됩니다.

a.쪽이 좀 더 강한 표현이지만, 모두 '～해서는 안 된다'라는 금지의 의미를 나타냅니다. 자, 이제 문제입니다. must는 '～해야 된다'라는 의미가 있고, may는 '～해도 좋다'라는 의미가 있습니다. 두 단어의 의미는 명백히 다른데 어째서 must not 또는 may not으로 not을 붙이면 의미가 같아지는 것일까요?
습관 때문입니까? 그렇습니다. 그러면 좀 더 이 습관을 생각해 봅시다. 그것이

56

이 장의 원칙과 부합되는 것입니다.

may not이 금지의 의미로 되는 것은 그렇게 어렵지 않지요? '~해도 좋다'를 완전히 뒤집으면(부정하면) '~하면 좋지 않다 = ~해서는 안 된다'로 됩니다. 그러면 must not은 어떻습니까? 이것은 당연히 '~하지 않아야 한다 = ~해서는 안 된다'기 됩니다.

중요한 것은 not의 성질입니다. not은 일반적으로 문장 전체를 완전히 뒤집는 (부정하는) 것은 아니라는 것입니다.

(1) a.에서 not이 부정하는 것은 다음의 밑줄 친 부분입니다.

a. You must not <u>step onto the grass</u>.

'잔디에 들어가다'가 부정되어 '잔디에 들어가지 않는다'로 되고 그것이 must 라는 의미로 되는 것입니다. 즉 '잔디에 들어가지 않도록 해야 한다'는 금지의 의미로 되어 버립니다. 또한 b.에서는 다음과 같이 됩니다.

b. You <u>may</u> not step onto the grass.

즉 '잔디에 들어가도 좋다'가 부정되어 '잔디에 들어가면 좋지 않다'라는 금지 의 의미가 되어 버립니다.

이제 그 이유를 좀 알겠습니까? 그러나 미국인은 반드시 위와 같은 계산을 하고 must not, may not을 쓰고 있는 것은 아니므로 잊어버리십시오. 잊지 말아야 할 것은 not이 가지고 있는 중요한 성질

not을 해석할 때에는 그것이 부정하는 범위에 주의한다.

라는 것입니다.

그러면 연습을 해 봅시다. 다음의 문장은 두 가지 의미를 가진 애매한 문장입니다. 그러면 두 개의 의미는 무엇일까요?

2 **John doesn't love Jane because she is rich.**

첫 번째는 not이 다음의 밑줄 친 범위를 부정하는 경우입니다.

John doesn't <u>love Jane</u> because she is rich.

존은 제인을 사랑하지 않는다. 왜냐하면 그녀는 부자이기 때문이다.

두 번째는 좀 어렵습니다.

John doesn't <u>love Jane because she is rich</u>.

존은 제인이 부자이기 때문에 그녀를 사랑하는 것은 아니다.

회화를 활 때에는 because 앞에서 끊으면 첫 번째 의미로 됩니다(또한 작문을 할 때에는 because의 앞에 콤마를 붙이면 됩니다). 이와 같이 not을 해석할 때에는 항상 그것이 부정하는 범위에 주의해야 합니다. 좀 더 연습해 봅시다. 다음의 문장을 not에 걸리는 범위에 주의하면서 번역해 봅시다.

3 **a. He didn't kill his wife intentionally.**

그가 의도적으로 아내를 살해한 것은 아니었다.
→ 죽인 것이 의도적은 아니었다.

b. Intentionally he didn't kill his wife.

의도직으로 그는 아내를 살해하지 않았다.
→ 살해하지 않았다. 그것은 그가 의도한 것이었다.

4 **a. He didn't do it deliberately.**

그가 신중히 그것을 한 것은 아니었다.
→ 그것을 했지만 신중하지는 않았다.

b. Deliberately he didn't do it.

신중하게도 그는 그것을 하지 않았다.
→ 하지 않았다. 그리고 그것은 그의 신중함 때문이었다.

또한 not은 그 바로 뒤에 오는 것만을 부정하는 경우도 있습니다.

5 Not Harding **but Kerrigan won the silver medal.**

하딩이 아니라 케리건이 은메달을 땄다.

not이 항상 문장 전체를 부정하는 것은 아니고 경우에 따라서 부정하는 범위를
변화시킨다는 것을 알겠지요?
여러분들을 괴롭혀 온 전체부정·부분부정이라고 부르는 것(용어를 암기할 필요
는 전혀 없습니다)은 이와 같은 not의 성질에서 생겨난 용어입니다.

6   All the arrows didn't hit the target.

①   _____

②   _____   _____

이 문장은 not이 부정하는 범위에 따라 ①, ② 두 가지로 번역할 수 있습니다. 하나는 '모든 화살은 표적에 맞지 않았다'이고, 두 번째는 '모든 화살이 표적에 맞지 않은 것은 아니었다'입니다. 이것이 전체부정·부분부정의 예이지만, 고민할 필요는 없습니다. 'not이 부정하는 범위에 주의한다' 이것만 알아 두십시오.

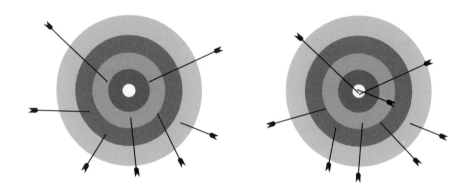

마지막으로 not이 부정하는 범위에 대한 원칙에 관해 설명하겠습니다. 다음 문장의 의미를 생각해 봅시다(밑줄 친 부분이 not이 부정하고 있는 범위입니다).

7   a. The rich are not <u>always happy</u>.

부자가 항상 행복한 것은 아니다.

b. The rich are always not <u>happy</u>.

부자는 항상 행복하지 않다.

not과 always의 위치에 주의하십시오. a.는 not의 뒤에 always가 있습니다.

이 경우 always는 not의 부정 범위에 들어 있으므로 '항상 행복하다고는 할 수 없다'로 됩니다. b.는 not의 뒤에 happy뿐입니다. 그렇게 되면 not은 '행복하다'만을 부정하므로 '항상 행복하지 않다'로 됩니다. 이와 같이 **not은 몇 가지의 예외를 제외하고는 거의 모든 경우 그 뒤에 오는 말을 부정합니다.**

앞의 (3), (4)의 예를 한 번 더 봅시다. 각각 intentionally와 deliberately가 not의 뒤에 있을 때에 부정의 범위에 들어간다는 것을 알 수 있겠지요. 또한 (6)과 같이 애매한 문장에서도 우선되는 의미는 not의 뒤쪽이 부정되는 ①입니다. ②와 같이 번역되는 것은 매우 특수한 경우이며 미국인도 이런 의미로 이해하지는 않습니다. 독자들은 'not의 뒤쪽'이라는 점만을 기억해 두면 됩니다.

이 원칙을 이용해서 마지막으로 다음 문장의 의미의 차이를 생각해 봅시다.

8 **a. Jane did<u>n't</u> <u>marry Ben with her parents' approval</u>.**

제인은 부모의 허락을 얻고 벤과 결혼한 것은 아니었다.

b. With her parents' approval, Jane did<u>n't</u> <u>marry Ben.</u>

부모의 허락을 얻고 제인은 벤과 결혼하지 않았다.

a.는 '부모의 허락을 얻고 벤과 결혼했다.'가 부정되어 있습니다. 즉 '허락을 얻고 결혼한 것은 아니다.'로 되어 제인은 벤과 결혼했다라는 것을 알 수 있습니다. 그러나 b.는 어떻습니까? not의 뒤에 있는 말은 marry Ben 뿐입니다. '제인은 벤과 결혼하지 않았다.'가 되는 것입니다. 큰 차이가 있지요?

이젠 not에 대해서는 더 이상 공부할 것이 없습니다. not의 용법은 특별히 따로 공부하지 않아도 자연스럽게 익숙해질 것입니다. 가장 중요한 핵심인 not이 부정하는 범위에 주의해야 한다는 것만을 명심해 주십시오.

Part 04
수동태

수동태는 우리들이 고전하는 부분입니다. 물론 어느 정도 영어를 공부한 사람이라면 수동태를 만드는 것이 그다지 어렵지 않다는 것을 알 것입니다. 정확하게 사용하는 것이 어려운 것입니다. 여기서는 수동태의 정확한 사용법을 중심으로 해설했습니다.

예를 들면 아래의 그림과 같은 상황이 있다고 합시다. 이 상황을 진우를 중심으로 말하면 '진우는 메리에게 키스했다.'로 되겠고, 메리를 중심으로 하면 '메리는 진우에게 키스 받았다.'로 되겠지요.

영어로 하면

1 **Jinwoo kissed Mary.**

2 **Mary was kissed by Jinwoo.**

로 되고 (1)과 같은 문장을 보통 능동태, (2)와 같은 문장을 수동태라고 부르고 있습니다. 이 Part에서는 수동태에 관해 설명합니다. 첫 번째 핵심은 수동태를 지나치게 사용하지 말라는 것입니다. 모든 문장은 능동태 아니면 수동태이지만 사용 빈도가 같다고 할 수는 없습니다. 물론 능동태 쪽이 압도적으로 자주 사용됩니다. 영어시험에서는 능동태를 수동태로 변환하는 문제가 자주 등장하지만, 일상회화에서 능동태로 충분한 것을 억지로 수동태로 할 필요는 없습니다. 수동태는 수동태를 써야 하는 경우에만 적절히 사용해야 합니다. 먼저 이것을 기억해 두기 바랍니다.

진우는 메리에게 키스를 했다.

메리는 진우에게 키스를 받았다.

수동태 만드는 법

수동태 만드는 방법은 그렇게 어렵지 않습니다.

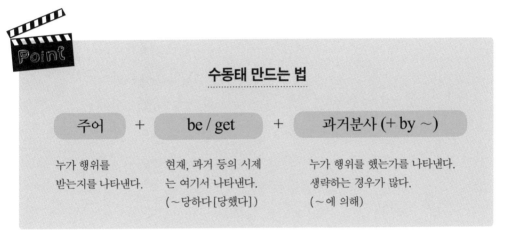

수동태 만드는 법

주어	+	be / get	+	과거분사 (+ by ~)
누가 행위를 받는지를 나타낸다.		현재, 과거 등의 시제는 여기서 나타낸다. (~당하다[당했다])		누가 행위를 했는가를 나타낸다. 생략하는 경우가 많다. (~에 의해)

예를 들면 다음과 같은 형으로 됩니다.

That machine
- is (현재)
- was (과거)
- will be (미래)
- has been (현재완료)
- is being (현재진행)
- had been (과거완료)

broken by your little boy.

색으로 된 글자가 수동태의 be동사입니다.

행위자를 나타내는 by …는 대개의 경우 생략합니다. 이것은 수동태의 사용법과 본질적으로 관련되어 있는 것으로 다음 절에서 설명하겠습니다.

또한 be동사 대신에 get이 사용되는 경우도 흔히 있지만 be동사보다는 의미가 좁아집니다. 이것도 Unit 3에서 설명하겠습니다.

수동태의 효과적인 사용법

수동태를 만드는 규칙은 그렇게 복잡하지 않으므로 잘 알고 있으리라고 생각됩니다. 그러나 그 사용에는 주의해 주십시오. 중학교 또는 고등학교에서 능동태를 수동태로 변환시키는 훈련을 많이 한 결과로, 원래 수동태로는 사용할 수는 없는 데도 수동태를 사용하는 사람이 많습니다. 또한 능동태로 충분한데도 수동태로 '바꾸는' 사람도 있습니다. 한국어와 마찬가지로 영어도 살아 숨쉬는 언어입니다. 능동태로 할 수 있는 데 굳이 수동태를 쓸 필요는 없는 것입니다.

능동태로는 표현하기 어려운 것을 편리하게 나타낼 수 있도록 하기 위해 수동태라는 형이 있는 것입니다.

수동태는 특별한 문형이며,
사용할 때에는 그에 적합한 이유가 있다.

자, 그러면 수동태는 언제 사용해야 할까요? 이제부터 몇 가지 핵심적인 것을 예로 들겠습니다. 그러나 암기를 하려고는 하지 마십시오. 한 번 읽는 것만으로도 충분할 것입니다.

1   행위를 받은 사람을 부각시킬 필요가 있을 때

1   **Out of over 50 applicants, Jane was offered the job.**

50명 이상의 응모자들 중에서 제인이 그 일을 맡았다.

2   **There was some confusion but, after examining the video closely, it became clear that Jinwoo had been obstructed, and so he was allowed to race again.**

어느 정도 혼란이 있었지만 비디오를 잘 검토해 보니까 진우가 방해를 받았다는 것이 명백해졌기 때문에 경주를 한 번 더 허락받았다.

(1)은 50명 이상의 지원자 중 누가 그 일을 맡았는가가 이야기의 핵심입니다. 그래서 주어의 위치에 놓고 강조하기 위해 수동태가 사용되고 있습니다. (2)도 역시 진우가 화제의 중심이므로 그것을 주어로 해서 강조하기 위해 수동태가 사용되고 있는 것입니다. 시험 삼아 (2)를 능동태로 하면,

2'   **There was some confusion but, after examining the video closely, it became clear that the other racer obstructed Jinwoo, and so the judges allowed him to race again.**

어느 정도 혼란이 있었지만 비디오를 잘 검토하고 나서 다른 선수가 진우를 방해한 것이 명백해졌기 때문에 경기 위원회는 한 번 더 경주를 허락했다.

앞 문장보다는 화제의 중심이 진우에게 있지 않다는 것을 알 수 있습니다.

주어가 길어지는 문장을 피하기 위해

일반적으로 영어에서는 '주어가 긴' 문장을 피하는 경향이 있습니다. 주어가 길어지면 '~를 했다'라는 동사 부분이 나올 때까지 오래 기다려야 하기 때문입니다. 따라서 다음의 문장은 자주 사용되는 문장은 아닙니다. 굵은 글자로 나타낸 주어가 너무 길어서 그 형태가 '서두가 긴'문장으로 되어 있기 때문입니다.

3   a. Ken and Mary's decision to cancel their wedding **shocked everyone.**

> 켄과 메리가 결혼을 취소하기로 했다는 것은 모두에게 충격을 주었다.

   b. That Korea didn't make it to the World Cup Soccer Finals in the USA **disappointed the entire nation.**

> 한국이 미국에서 열린 월드컵 축구 결승전에 나갈 수 없었다는 것이 전 국민을 실망시켰다.

이와 같이 서두가 긴 형태를 피하기 위해 영어는 여러 가지 방법을 가지고 있습니다. 의미가 없는 it을 주어 또는 목적어로 사용하는 용법(it … that 등)도 그 가운데 하나입니다. 수동태도 때때로 이러한 목적으로 사용됩니다. 위와 같은 낯선 문장도 수동태를 이용하면 다음과 같이 알기 쉬운 문장으로 됩니다.

3'   a. **Everyone** was shocked **by Ken and Mary's decision to cancel their wedding.**

b. The entire nation was disappointed that Korea didn't make it to the World Cup Soccer Finals in the USA.

3 문장에 객관성을 주기 위해

4　**a.** It has been clearly shown that drinking and driving is a deadly combination.

음주와 운전은 죽음의 짝이라는 것이 명백하게 나타나고 있다.

b. It is often said that English is a difficult language.

영어는 종종 어려운 언어라고 말해진다.

번역에서도 알 수 있듯이 '~이 …로 나타났다', '~라고 말했다'라고 하는 것보다는 '~이 …로 나타나고 있다', '~라고 말해지고 있다'가 객관적인 느낌이 있습니다. 이런 점은 우리말과 영어 사이에 큰 차이가 없습니다. 필자도 이야기를 할 때 '~라고 합니다'라는 표현을 사용합니다. 그렇게 하면 상대방에게 객관적 사실 같은 느낌을 줄 수 있기 때문입니다.

자, 마지막 핵심입니다. 이것이 제일 중요합니다.

4 '누가' 행위를 했는지 알 수 없거나, 설명할 필요가 없거나, 밝히고 싶지 않을 때

능동태는 반드시 '누가 ~을 했다'라는 형태로 되어 있습니다. 그런데 때에 따라서는 '누가'라는 부분을 생략하고 싶은 경우가 있습니다.

5 a. **Those pyramids** were built **in ancient times.**

저 피라미드들은 고대에 만들어졌다.

b. **English and French** are spoken **in Canada.**

영어와 불어가 캐나다에서 말하여진다.

c. **Many books on linguistics** have been published **since the 1960s.**

1960년대 이후 많은 언어학 책이 발행되었다.

위의 문장에서는 '누가 했는지'를 말하기 어렵고 또 그럴 필요도 없습니다. 이러한 경우 수동태를 사용하면 '누가'를 생략한 매끄러운 문장을 만들 수 있습니다. by를 이용하지 않고 표현할 수 있다는 이유로 수동태를 쓰는 경우가 많습니다. 다음 문장은 능동태로 할 수도 있지만 그렇게 하면 동일한 사람이 지나치게 반복되므로 그것을 피하기 위해 수동태가 사용되고 있습니다.

6 **Boss: This report must be typed and then a copy must be given to each committee member. Also, the guest speaker for tomorrow night's**

**meeting should be confirmed, and … er …
oh yes, a table for 6 has to be reserved at
Sabatini's. I think that's all!**

Secretary : Yes, sir.

사장 : 이 보고서는 타이프해서 위원회 위원들에게 1부씩 건네주도록. 그 다음에 내일 저녁
　　　회의에 부를 초청 인사들을 확인하세요. 그리고 음, 사바티니 식당에 6인석을 예약해
　　　두도록. 이게 전부 같은데.

비서 : 예, 알겠습니다.

모든 일을 이 비서가 해야 하므로 능동태를 사용하면 You must …와 you를 반
복해서 써야 합니다.

수동태는 이와 같이 능동태로는 자연스럽게 표현할 수 없는 것을 대신하는 것입
니다. 위의 요점을 참고해서 자연스러운 수동태 사용법을 익히도록 하십시오.
중요한 것은 필요한 경우에만 사용하며 지나치게 사용하지 않는 것입니다.

그리고 어색한 수동태를 만드는 일이 없도록 핵심을 한 가지 더 설명하겠습니
다. *표가 붙어있는 문장은 수동태를 어색하게 사용한 것입니다. 어째서 어색한
문장이 되었는가를 생각해 봅시다.

7 　a. **The mountain was climbed by so many people
　　　that it had to be closed.**

　　　그 산은 너무 많은 사람이 올라서 (환경이 파괴되어) 폐쇄되어야 했다.

b. The mountain was climbed **by Bob.***

그 산은 밥에 의해 등산되었다.

8 a. In the movie 'Home Alone', Kevin was left **at home by his family.**

영화 '나홀로 집에'에서 케빈은 가족에게서 떨어졌다.

b. The house was left **the family.***

그 집은 가족에 의해 버려졌다.

9 a. The video-recorder was used **by all the students in the college, so now it needs replacing.**

그 비디오 기기는 대학생 모두에게 사용되어서 (낡아서) 교체할 필요가 있다.

b. The video-recorder was used **by Jimmy.***

그 비디오는 지미에 의해 사용되어졌다.

10 a. The Mona Lisa was photographed **by all the visitors, so the paint was damaged.**

모나리자는 모든 방문객들에게 사진 찍혀서 그림의 상태가 나빠졌다.

b. The Mona Lisa was photographed **by Mary.***

모나리자는 매리에 의해 사진 찍혀졌다.

11 **a. Trash was left in the park by all the visitors.**

공원에 모든 방문객들의 쓰레기가 버려졌다.

b. Trash was left in the park by one person.*

공원에 한 사람에 의해 쓰레기가 버려졌다.

어떻습니까? 어째서 *표가 있는 문장은 의미가 어색한 것일까요? 여기에는 수동태의 중요한 의미가 관련되어 있습니다. 그것은 수동태로 나타내는 행위에 의해 대상이 어떤 영향을 받아야 한다 라는 것입니다. 밥이 산을 올랐기 때문에 산이 영향을 받을 수 있겠습니까? 그렇지는 않겠지요. 그런데 많은 사람들이 올랐다고 하면 어떻겠습니까? 또한 소년이 가족에 의해 방치되었다고 하면 그 심각함은 대단하겠지만 가족들이 모두 집에서 나가도 집 자체는 보통 영향을 받지 않습니다.

그러면 다른 나머지 문장도 잘 생각해 보십시오. 수동태가 사용될 때의 어감을 알 수 있겠지요? 이것은 물론 '문법'은 아닙니다. 암기할 필요도 없습니다. 그러나 이 어감을 모르면 자연스러운 수동태를 사용할 수 없습니다.

무미건조한 수동태도 이렇게 보면 꽤 생생한 표현이라고 할 수 있겠지요? 그러면 마지막으로 get을 사용한 수동태를 살펴봅시다.

get을 사용한 수동태

get을 쓴 수동태는 be동사를 쓸 때보다는 의미가 특수해집니다. '~되어 있다 <
상태>'가 아닌 '~당했다 <사건>'만을 나타내는 수동태입니다(물론 be동사를
사용한 수동태는 이 모두를 표현할 수 있습니다).

1   a. **He got arrested for driving drunk yesterday.**

그는 음주운전으로 체포되었다.

   b. **English gets spoken in Canada.***

영어는 캐나다에서 말해지고 있다.

'음주운전으로 체포되었다.'라는 것은 사건이지요? 그러면 '영어는 캐나다에서
말해지고 있다.'라는 것은 어떻습니까? 그것은 사건이라고 말할 수 있을까요?
get 수동태는 반드시 사건에만 사용하는 것입니다. 더 상세하게 말하면 '사건'
가운데에서도 예측할 수 없는 갑작스런 사건에 많이 씁니다.

2   a. **This book** got written **by Hemingway.***

   이 책은 헤밍웨이에 의해 쓰였다.

   b. **Sunyoung** got born **in 2002.***

   선영은 2002년생이다.

책이 쓰이거나 아이가 태어나는 것은 사건이지만 예측할 수 없는 돌발적인 사건
은 아닙니다. 이와 같은 경우에는 get 수동태를 쓸 수 없다는 점을 알아 두십시오.

이것으로 수동태에 대한 설명을 마칩니다. 끝으로 수동태를 이용한 문장을 들어
보겠습니다. 어떤 이유에서 사용되었는지를 생각하면서 어감을 익히십시오.

It ①is often said that New York is a dangerous city. Every year many people ②get robbed, and some even ③get killed. Actually, I visited New York last summer, and my bag ④was stolen in a restaurant! Despite all that, however, I think the dangers have ⑤been greatly exaggerated and we should focus more on the beauty and excitement of the city. There are so many wonderful sights to ⑥be seen, like the famous Statue of Liberty, which ⑦was erected in 1886. And, of course, the visitor ⑧is spoilt for choice when it comes to entertainment, as all the best shows can ⑨be seen on Broadway.

A city full of contradictions, certainly, but I ⑩was thoroughly impressed by the 'Big Apple' and would highly recommend it to anyone.

뉴욕은 위험하다고 합니다. 매년 많은 사람들이 강도를 당하고 그 중에는 살해되는 사람도 있습니다. 실제로 나도 작년 여름에 뉴욕에서 가방을 레스토랑에서 도난당했습니다. 그래도 나는 뉴욕이 위험하다는 것이 많이 과장되고 있는 것 같다고 생각하며 그것보다는 뉴욕의 아름다움이나 그 자극적인 분위기에 눈을 돌려야 한다고 생각합니다. 정말로 많은 아름다운 장소가 있습니다. 예를 들면 1886년 세워진 자유의 여신상. 그리고 여름으로 무엇을 선택해야 할지 어려울 정도입니다. 브로드웨이에서는 훌륭한 쇼를 모두 볼 수 있기 때문입니다.

확실히 여러 가지 모순을 가진 도시입니다. 그러나 나는 이 'Big Apple(뉴욕의 속칭)'에 감명을 받았으며 누구에게나 권할 수 있다고 생각합니다.

해 설

① 문장에 객관성을 주기 위해 그리고 people 등 그다지 의미가 없는 주어를 피하기 위해

②③ 초점은 누가 당했는가가 아니고 rob 또는 kill이라는 행위 자체입니다. 또한, 이러한 행위가 예기되지 않는 돌발적인 사건이라는 것을 나타내기 위해 get 수동태를 사용하고 있습니다.

④ 물론 누가 범인인지는 모름으로 능동태로 할 수 없습니다.

⑤ ①과 같이 객관성을 나타내고 있습니다.

⑥ ⑤와 같음. 수동태는 때때로 You can … / People can … 등 일반적인 주어 대신에 쓸 수 있습니다.

⑦ 누가 세웠는지는 중요하지 않으므로

⑧ 객관성을 주기 위해

⑨ ⑧과 같음

⑩ 능동태 N.Y. impressed me는 뉴욕에 초점이 맞춰 집니다. 내가 어떤 감정을 가졌는가가 중요하므로 I를 주어로 해서 수동태로 합니다.

Part 05
시제

어떤 언어에서도 사건이 일어난 '때'의 서술 방법은 매우 중요하며, 어감도 예민하고 미묘합니다. 영어도 그렇습니다. 영어를 영어답게 사용하기 위해서는 절대로 대충대충 넘어갈 수 없는 파트라고 할 수 있습니다.

영어는 기본적으로 3종류의 시제가 있습니다. 각각 어떤 의미를 맡고 있는가를 Unit 1에서 설명하겠습니다. Unit 2에서는 will, be going to 등 우리가 잘 알고 있는 미래표현을 복습하면서 그것들이 가지고 있는 미묘한 뉘앙스를 이해할 수 있도록 해 봅시다. Unit 3은 보충 설명입니다. 현재시제, 과거시제의 문제점을 다루겠습니다. Unit 4, 5는 한국인이 약한 가정법, 시제의 일치입니다. 모두 어렵지 않게 이해할 수 있는 내용입니다. 마지막 Unit 6은 역사적 현재입니다. '어떻게 과거의 일을 현재시제로 나타낼 수 있지?'라고 생각하는 사람은 반드시 읽어 보십시오.

이 책에서 가장 많은 분량을 차지하고 있는 이 파트를 잘 읽어 두면 영어가 지금보다는 훨씬 친근하게 느껴질 것입니다.

시제의 3가지 패턴

시제라고 하면 무엇이 생각됩니까? 현재시제, 과거시제 … 등이 곧 머리에 떠오를 것입니다. 여기에는 이 각각의 시제에 대해 설명하기 전에 기본적인 것을 해설하겠습니다.

현재시제나 과거시제는 시제가 있는 형태입니다. 그렇지만, 영어에서는 시제가 없는 경우도 있습니다. 그것은 동사가 원형으로 쓰일 때입니다. 영어에서는 시제는 동사를 현재형, 과거형으로 변화시켜서 표현합니다(현재형에서는 3인칭 단수-(e)s로 되고, 과거형에서는 -(e)d로 됩니다). 동사가 변화하지 않는 원형은 시제가 없는 형태라고 할 수 있습니다. 또한 영어에는 **가정법**이라는 특별한 시제도 있습니다.

종합해 보면,

① 시제가 있는 형태 (현재시제, 과거시제)
② 시제가 없는 형태
③ 가정법

이 있습니다.

이 3가지 패턴에는 각각 전형적인 의미가 있습니다.

1   a. **John kissed Mary.**   〈과거시제〉

       b. **John lives in Seoul.**   〈현재시제〉

각각 '매리에게 키스했다.', '서울에 살고 있다.'라고 어떤 시점에서 일어난(일어나고 있는) 사실을 말하고 있다는 것을 알 수 있겠지요? 물론 다음과 같은(문장 속에 내포되어 있는 문장의) 경우도 같습니다.

2   a. **That he owns a handgun is illegal in England.**

       b. **That he told a lie surprised me.**

굵은 글자에 주목하세요. 각각 현재시제, 과거시제를 나타내고 있습니다. 물론 '그가 총을 지니는 것', '그가 거짓말을 한 것'이라는 사실에 관해 '위법이다', '놀랐다'라고 말하고 있는 것입니다.

그러면 시제가 없는 형은 어떤 의미를 가지고 있을까요?

3   a. **For people to own handguns is illegal in England.**

       b. **It's wrong to tell a lie.**

여기에서 to부정사 뒤에 사용된 동사는 원형입니다. 즉, 시제가 없는 형태입니다. 이 경우 시제가 있는 형태와는 달리 시제가 없는 형태는 '사실'을 말하고 있는 것은 아닙니다. '총을 소지하는 것', '거짓말을 하는 것'이라고 특정한 사실이 아닌 일반적인 내용을 말하고 있는 것입니다. 하나 더 예를 들어 봅시다.

4   For parents to love their children is natural.

어버이가 자식을 사랑하는 것은 당연하다.

누군가 특정의 부모가 그들의 아이들을 사랑하고 있다는 사실은 아닙니다. '부모가 아이를 사랑하는 것'이라는 매우 일반적인 내용을 말하고 있는 것입니다. 비사실(非事實)이라고 해도 좋겠지요.

3   가정법의 의미

가정법의 시제 형태는 보통의 시제와는 다르며, 또한 시제의 일치에도 따르지 않습니다. 이 시제는 어떤 의미를 가지고 있을까요?

5   If I had wings, I would fly to you.

날개가 있다면 네게 날아갈 텐데.

가정법이 나타내는 의미는 앞의 '사실', '비사실'과 비교하면 '반사실(反事實)'이라고 할 수 있습니다. 사실에 반한 가상적인 세계를 생각하고 그렇다면 ~하겠다 라고 가정하는 표현입니다.

자, 그러면 종합해 봅시다.

현재시제	기본적 의미
① 시제가 있는 표현	사실
② 시제가 없는 표현	비사실
③ 가정법	반사실

이러한 중요한 원칙을 알고 있으면 여러 가지를 이해할 수 있습니다.

예를 몇 가지 들어 봅시다.

여러분들은 명령문을 알고 있지요?

6 a. **Be honest.**

정직하세요.

b. **Study hard.**

열심히 공부하세요.

동사에 주목해 봅시다. 원형이지요. 왜 명령문의 동사는 원형일까요? 그것은 사실이 아니기 때문입니다. 명령을 할 때에 그 명령한 내용은 사실이 아닙니다. 사실이 아니기 때문에 명령을 하는 것이지요. 이런 경우, 사실을 나타내는 시제가 있는 형태를 사용할 수는 없습니다.

다른 예를 들어 봅시다. 고등학교 영문법을 충실히 공부한 분은 시제편에서 매우 묘한 '규칙'을 공부했다는 것을 기억하실 것입니다. 희망·제안·요구·당연 등을 나타내는 동사에 계속되는 that절에서는 원형동사를 쓴다고 하는 규칙입니다. 기억하고 있습니까? 이것은 다음과 같은 것을 설명하고 있는 것입니다.

Bill	demanded	that	Mary will invite Joe.* (시제 있음)
	requested		Joe is allowed to drive.* (시제 있음)
	ordered		Mary invite Joe. (시제 없음)
			Joe be allowed to drive. (시제 없음)

이와 같은 동사는 뒤에 시제가 있는 동사를 취하지 않습니다. 어째서 그럴까요? 그것은 만일 that 이하에 시제가 있다면 의미가 어색해지기 때문입니다. 사실을 희망·제안·요구할 수는 없기 때문입니다. 그러므로 이런 때에는 '비사실(非事實)'을 나타내는 시제가 없는 형태를 써야 합니다(물론 조동사 should(~해야 할)를 이용할 수도 있습니다). 이런 식으로 생각하면 지금까지 어렵게 암기해온 것이 자연스럽게 이해가 되지 않습니까? 그렇습니다. 언어는 누구나가 자연스럽게 사용할 수 있도록 되어 있는 것입니다.

자, 마지막으로 여러분이 미국인의 어감과 뉘앙스를 이해했는가를 확인해 보도록 합시다. 다음 두 문장 사이의 차이를 알 수 있다면 이미 당신은 미국인과 같은 어감이 있는 것입니다.

| Joe insisted that | Bill finishes dinner by 10:00. |
| | Bill finish dinner by 10:00. |

첫 문장은 시제가 있으므로 사실을 나타내고 있습니다. '빌은 10시까지 식사를 마친다(습관이 있다)라는 사실'을 주장한 것입니다. 재판에서 증인이 증언을 하고 있는 것을 생각하면 좋겠지요. 그에 비해서 두 번째 문장은 시제가 없으므로 사실이 아닙니다. '빌은 10시까지 식사를 마친다(마쳐야 한다)'라고 주장하는 것입니다.

미래를 나타내는 표현

이 장에서 처음 나온 표를 다시 봅시다.

① 시제가 있는 형태 〈현재시제, 과거시제〉
② 시제가 없는 형태
③ 가정법

여러분은 어째서 여기에 '미래시제'가 빠졌는지 이상하게 생각하지 않았습니까? 대부분의 문법서에는 John will go를 '미래시제'로 설명하고 있지만 결론부터 말하자면

영어에는 미래시제란 없다.

입니다. 앞에서 설명한 것 같이 영어에서는 동사의 형태를 변화시켜서 시제를 나타냅니다. 그렇다면 조동사 will을 사용해서 나타내는 미래는 본래의 시제가 아니라는 것은 당연한 것입니다.

미래형 어미변화는 없기 때문입니다. will은 어디까지나 조동사인 것입니다.

영어에는 '미래'를 나타내는 정해진 형태(시제)가 없으므로 다른 말(조동사 will 또는 be going to 등)을 사용해서 미래의 사건을 나타냅니다. 그런데 조동사 등이 원래 가지고 있는 의미를 끌어들여서 미래를 나타내므로 같은 '미래'라고 해도 뉘앙스에 차이가 있게 됩니다. 여기에서는 각각의 미래표현이 가진 의미를 확실히 마스터 합시다. 여기에서 설명할 미래표현은 다음과 같은 것들이 있습니다.

- **will**　　　　　**John** will **leave Seoul tomorrow.**
- **be going to**　　**John** is going to **leave Seoul tomorrow.**
- **be -ing**　　　　**John** is leaving **Seoul tomorrow.**
- **현재시제**　　　　**John** leaves **Seoul tomorrow.**

1　조동사 will이 나타내는 미래

will이 나타내는 미래를 설명하기 전에 조동사 will이 지닌 본래 의미를 살펴봅시다. will이 나타내는 미래는 당연히 이 의미와 깊은 관련이 있기 때문입니다. may, must 등과 같이 will에도 중요한 의미가 2가지 있습니다.

1　a. (누군가가 노크하는 소리를 듣고)

That will **be Joe.**

b. (아이가 떼를 써서)

I will **go to Disneyland!**

(1) a.는 추측(반드시 조일거야), (1) b.는 의지((반드시) 가겠다)를 나타내고 있습니다. 그러나 예문처럼 매우 강한 의지를 나타내는 일은 드물며, 거의 의지라고는 할 수 없는('~할 의지를 가지고 있다'라고 번역하면 너무 강하다) 가벼운 의지를 나타내는 경우가 대부분입니다.

2   I'll lend you some money.

얼마쯤 빌려주겠다. 〈약한 의지〉

이와 같은 의미를 가진 조동사 will이 미래를 나타내는 데에 빈번하게 쓰이는 것은 당연한 것입니다. 현재를 살고 있는 우리들에게 미래 사건의 대부분은 '추측'이거나 '의지'이기 때문입니다.

3   a. It will rain tomorrow.

내일은 비가 올 것이다. 〈추측〉

b. She will be a good teacher.

그녀는 좋은 선생님이 될 것이다. 〈추측〉

c. All right, I'll do so.

좋아요, 그렇게 하지요. 〈가벼운 의지〉

will이 나타내는 미래

추측 (~일 것이다) / 의지 (~하겠다)

2 be going to가 나타내는 미래

will이 '추측', '의지'를 나타내는데 비하여, be going to는 원인·의도를 나타낸다고 할 수 있습니다. 이 의미는 be going to라는 말의 구성과 관련이 있습니다. go는 '가다'라는 의미입니다. 그리고 진행형이므로 '현재 ~로 가는 중이다'라는 의미이겠지요. 이 숙어의 의미는 본래의 의미로 거의 예측할 수 있습니다. 즉 현재의 어떤 요소가 to 이하의 상황으로 가고 있다라는 의미입니다. 그것은 '의도'이거나 '원인'일 것입니다. 적어도 현재에 미래의 사건을 일으키는 원인이 있다는 것입니다. 예문을 몇 개 들어 봅시다.

4 a. **He** is going to **invite Joe to dinner.**

그는 조를 저녁식사에 초대할 것이다.

b. **There** is going to **be a tidal wave in a minute!**

곧 해일이 일어날 것이다.

c. **I** am going to **get a fever.**

열이 날 것 같다.

(4) a.는 조를 저녁 식사에 초대하는 것이 현재 이미 결정되어 있다(의도를 가지고 있다)라는 것을 알 수 있습니다.

(4) b.는 말하는 사람이 단지 해일이 일어날 것이라는 것을 예상하고 있는 것이 아닙니다. 그 징후를 현재 느끼고 있는 것입니다. 예를 들면 파도가 크게 이는 것을 보고 '해일이 올 것 같다.'라고 말하고 있는 것입니다.

(4) c.는 현재 이미 오한을 느끼고 있는 것입니다. 이와 같이 be going to는 미래의 사건을 일으킬 요소가 현재 이미 있다는 것을 표현하고 있는 것입니다. 일반

문법서에는 흔히 'be going to는 가까운 미래를 나타내는데 쓰인다'고 되어 있습니다. 확실히 be going to는 will 보다는 가까운 미래를 나타냅니다. 그러나 이 근접성은 be going to 본래의 의미와는 관계가 없는 것입니다. 아무리 먼 미래의 일이어도 현재에 '원인' 또는 '의도'가 있다면 언제나 be going to를 사용할 수 있기 때문입니다.

5　(초등학교 학생이)

I'm going to be a doctor.

be going to가 가까운 미래를 나타낼 때 자주 쓰이는 것은 이 표현이 '원인' '의도'를 나타내기 때문입니다. 현재 '원인', '의도'가 있으면 그것이 가까운 장래에 결과를 맺는 것은 매우 자연스러운 것이기 때문입니다.
be going to에 대한 설명을 마치겠습니다. 이제 미국인이 느끼는 정도로 (6)의 뉘앙스의 차이를 바르게 이해할 수 있겠습니까?

6　a. **There's going to be a storm.**
　　b. **There will be a storm.**

(6) a.는 이미 현재 폭풍을 예감할 수 있는 검은 구름이 다가오고 있는 상황입니다. 그에 비해서 (6) b.는 단지 막연히 추측하고 있는 것입니다.

be going to가 나타내는 미래

미래의 사건을 일으킬 요소(원인, 의도)가 현재 이미 있을 때 쓴다.

3 be -ing(진행형)가 나타내는 미래

여러분은 이제 미래표현에도 뉘앙스의 차이가 있다는 것을 알았을 것입니다. 의미가 똑같다면 2~3개의 다른 표현 형식이 있을 리가 없습니다. 형태가 다르면 의미도 다르다. 이 점을 외국어를 정말로 마스터하려는 사람은 기억해야 합니다. 그러면 미래표현인 be -ing는 어떤 의미를 가지고 있는 것일까요? 결론부터 말하겠습니다.

진행형이 나타내는 미래

예정·계획을 나타낸다.

7 a. **Ken is getting married next summer.**

켄은 내년 여름 결혼할 예정이다.

b. **We are having chicken for dinner today.**

오늘 저녁 식사는 닭고기다.

c. **He** is leaving **for Beijing tonight.**

그는 오늘밤 베이징으로 떠날 예정이다.

자, 문제입니다. 다음 문장은 의미가 어색합니다. 어째서 그럴까요?

8 **The cherry blossoms** are blooming **later tonight.***

예정이나 계획은 성질상 그것을 세운 사람의 의지가 작용하는 것이 아니겠습니까? 벚꽃이 '오늘 밤 지금부터 피겠다.'라고 예정이나 계획을 세울 수가 있겠습니까?

그러면 진행형이 미래를 나타내는 이유는 무엇일까요? 진행형을 쓸 때 미국인은 반드시 어떤 특정의 시점을 머리에 둡니다. 그리고 그 시점에서는 ~하고 있는 중이라고 하는 의미로 사용합니다. 따라서 '어떤 시점'이 미래이면 즉, 오후 8시에 '10시에는 ~하고 있다'라고 어떤 사람이 말했을 때 그것은 바로 그 사람의 '예정 또는 계획'인 것입니다.

4 현재형이 나타내는 미래

영어에서는 현재형만으로 즉, 조동사나 숙어를 이용하지 않고 미래를 나타낼 수 있습니다.

9 **a.** **Tomorrow is Saturday.**

내일은 토요일이다.

b. **My birthday is next Sunday.**

내 생일은 다음 일요일이다.

c. **Jane leaves for Seoul tomorrow.**

제인은 내일 서울로 떠난다.

우리말 해석을 보십시오. 모든 예문에서 어떤 느낌이 오지 않습니까? 그런 사실이 확실히 찾아온다고 하는 … 보통, 동사의 현재형은 현재 일어나고 있는 것(사실)을 나타냅니다.

10 **Bill walks to school.**

빌은 걸어서 학교에 간다.

따라서 현재형이 미래를 나타내는데 쓰이면 현재 이미 사실로서 인정할 정도의 확실한 미래를 나타냅니다. 예를 들면 (9) c.의 문장은 다음의 문장과 비교하면 그 예정이 훨씬 확실하다는 것을 알 수 있습니다.

11 **Jane is leaving for Seoul tomorrow.**

제인은 내일 서울로 떠날 예정이다.

Jane is going to leave for Seoul tomorrow.

제인은 내일 서울로 떠날 예정으로 되어 있다.

Jane will leave for Seoul tomorrow.

제인은 내일 서울로 떠날 것이다.

현재형이 나타내는 미래

확실한 미래를 나타낸다.

미래 표현	
표 현	**의 미**
will	추측이나 의지를 나타낸다.
be going to	의도 또는 원인을 나타낸다.
be -ing	예정 또는 계획을 나타낸다.
현재시제	확실한 미래를 나타낸다.

미래시제가 갖는 의미를 상세히 설명했습니다만 '이러한 뉘앙스를 모르고서는 영원히 영어를 능숙히 구사할 수는 없는 게 아닌가'라고 조급히 생각하는 분들 이 있을지 모릅니다. 그러나 그렇게 걱정할 필요는 없습니다. 약간 부적당한 표 현을 사용해도 의사는 반드시 전달됩니다. 그러나 조금만 신경을 쓰면 점점 더 자연스러운 표현을 익힐 수 있을 것입니다.

EXERCISE

♣ 다음과 같은 상황에서는 어떤 표현을 사용해야 할까요?

1. You are really looking forward to going on a picnic with your family this afternoon, but you can see many black clouds gathering in the sky.
   You say:
   a. It will rain soon.
   b. It's going to rain.

2. John has to take a very difficult examination in order to get into a top company.
   He tells his parents:
   a. I'm going to pass.
   b. I will pass!

3. Dave and Karen have just completed their marriage arrangements.
   They announce to their friends:
   a. We'll go to Tahiti for our honeymoon.
   b. We're going to Tahiti for our honeymoon.
   c. We go to Tahiti for our honeymoon.

4. Mary gives a 'hint' to her boyfriend, hoping to get a beautiful birthday present!

   She says to him:

   a. My birthday is next Saturday.

   b. My birthday will be next Saturday.

   c. My birthday is going to be next Saturday.

5. Sunhee is having a good time at her friend Mina's engagement party.

   She asks Mina:

   a. By the way, when will you get married?

   b. By the way, when are you going to get married?

1. b

검은 구름이 다가오고 있다. 현재에 원인이 있으므로 물론 be going to를 선택해야 한다.

2. b

존은 부모 앞에서 일류 기업에 합격할 것이라는 강한 의지를 말하고 있다. 이와 같이 강한 의지를 나타낼 경우 will을 쓴다.

3. b

현재 이미 신혼여행을 가기로 결정이 되었으므로 be going to가 적합하다.

4. a

생일이 다음 주 토요일이라는 것은 확실한 사실. 이러한 확실한 미래는 현재형으로 나타낸다.

5. b

약혼파티이므로 현재 이미 결혼날짜는 결정되어 있을 것이다.

현재시제의 사용법

현재시제의 보편적인 사용법을 설명하겠습니다. 현재시제에 대해서만 소개합니다만 과거시제에 관해서도 같은 식으로 이해하면 됩니다.

현재시제는 현재(지금)를 포함하는 사건 또는 상태를 나타냅니다. 다음의 세 가지 사용법을 알고 있으면 도움이 됩니다.

- - - - 　현 시점(♟)을 포함하고 일정기간 성립되는 상태

▢ 　현 시점(♟)을 포함하고 반복되어 일어나는 사건

═══ 　현 시점(♟)에만 일어나고 있는 사건

1 현재를 포함하고 일정기간 성립되는 상태

1   a. **I** live **in Busan.**

나는 부산에 살고 있다.

b. **John** knows **three languages.**

존은 3개 국어를 알고 있다.

c. **Dogs** have **a tail.**

개는 꼬리가 있다.

d. **No news** is **good news.**

무소식이 희소식이다.

e. **Quadratic equations never** have **more than two solutions.**

2차 방정식은 3개 이상의 답을 가지지 않는다.

f. **The earth** is **round.**

지구는 둥글다.

이것들은 모두 어떤 일정기간 동안 성립되는 것을 말하고 있습니다. (c)~(f)와 같이 격언 또는 수학상의 진리 등 항상 성립하는 것도 현재시제로 나타냅니다.

2 현재를 포함하고 반복적으로 일어나는 사건

2 a. **I walk to school.**

걸어서 학교에 간다.

b. **I have a light breakfast these days.**

요즘은 가벼운 아침 식사를 한다.

이와 같이 반복해서 일어나는(습관) 것을 말할 때도 현재시제입니다.

3 현재에만 성립되는 사건

이 용법만큼은 과거시제에는 없습니다. 지금 눈앞에서 일어나고 있는 상황을 그와 동시에 말로 설명할 때에 사용되는 시제로서 스포츠 실황중계나 마술사가 공연할 때에 볼 수 있는 용법입니다.

3 a. **Watch out! Here comes the boss!**

조심해! 사장이 오고 있어!

b. **Here comes the bus!**

버스가 오고 있어!

c. **Look. I place this card under the handkerchief ….**

자. 이 카드를 손수건 밑에 놓습니다.

d. **A : Oh, God! I've no idea how to set the timer on this video!**

맙소사. 이 비디오, 타이머 맞추는 방법을 전혀 모르겠어요.

B : Look. First you push **this button and you** select **the channel number. Then you** press **this button and you** enter **the starting time … Piece of cake!**

자. 먼저 이 버튼을 누르고 채널을 선택하고 이 버튼을 누르고 시작 시간을 입력하고 … 자, 누워서 떡먹기죠!

지금까지의 내용을 읽고 '현재형 문장은 어떻게 해석하면 좋을까?'라고 고민하고 있는 분도 있을지 모르겠습니다. 그러나 고민할 필요가 없습니다. 우리말을 할 때와 똑같은 원칙으로 하면 됩니다.

(1) 나는 낙지가 싫다. 〈계속 성립하고 있다.〉
(2) 나는 학교에 가기 전에 이를 닦는다. 〈습관〉
(3) 아, 새가 날고 있어요. 〈지금 일어나고 있다.〉

영어의 현재시제도 우리말과 같은 방법으로 자연스럽게 사용하면 됩니다.

가정법

가정법이라고 하면 매우 어렵게 생각하는 사람이 많은 것 같습니다. 대부분 고등학교 영어시간에 어렵게 배운 기억이 있어서 그렇겠지요. 정말로 가정법을 마스터하려면 그 모든 문법사항을 암기해야 할까요? 결코 그렇지 않습니다. 미국인이 가정법을 쓸 때에 이용하는 원칙은 매우 단순합니다. 그 기본은 30분 정도면 마스터할 수 있습니다. 자, 시작해 봅시다.

1 가정법의 의미

먼저 가정법의 의미에서부터 생각해 봅시다. 기본적인 것은 사실이 아니라는 것입니다. 사실과 반대되는 것(반사실)이나 일어날 가능성이 현저히 낮은 것을 나타냅니다.

1   a. **If I were a bird, I would peck holes in this wood.**

     만일 내가 새라면 이 나무에 구멍을 내버리겠어.

자, 그러면 다음 문장들의 의미의 차이를 생각해 보십시오. b.가 가정법 문장입

니다. 한국어로 하면 '파티에 오시면 즐거우실 거예요.'라고 모두 같은 의미로
되어 버립니다.

2 a. **If you come to the party, you'll have a great time.**

b. **If you came to the party, you'd have a great time.**

a.는 단순히 '온다면'이라고 서술하고 있는 것뿐이고 그 이상의 의미는 없습니
다. 그러나 b.는 어떻습니까? 가정법을 사용하고 있으므로 '십중팔구 오지는 않
겠지만'이라는 어감이 있다는 것을 알 수 있습니다. 올 가능성이 거의 없지만 이
라고 생각하고 있는 것입니다. 다음은 어떻습니까?

3 a. **If you marry me, I'll be so happy.**

b. **If you married me, I'd be so happy.**

b.는 가정법이므로 '결혼해 주지 않겠지만'이라는 의미를 가지고 있는 것입니
다. 자, 이제 짐작을 했습니까? 좀 더 연습해 봅시다.

4 a. **John talks to her as if he is her boss.**

b. **John talks to her as if he was her boss.**

모두 해석은 'John은 마치 사장처럼 말한다.'이지만 b.는 가정법입니다. 그래서 b.는 '사실 사장이 아닌데도'라는 의미가 포함되어 있는 것입니다. a.는 사장이냐 아니냐에 관해서는 말하고 있지 않습니다. 마지막으로 하나 더

5 **a. They act as if they're best friends.**

      b. They act as if they were best friends.

b.는 가정법이므로 '친구가 아닌데도'라는 의미가 있는 것입니다.

가정법의 의미

현실과 반대되는 것(현재 일어나지 않은 것, 일어나지 않았던 것),
또는 가능성이 현저히 낮은 것을 나타낸다.

2 가정법 문장을 만드는 법

그러면 다음으로 가정법 문장은 어떻게 만드는지에 대해 설명하겠습니다. 규칙은 매우 간단합니다.

가정문 만드는 법

시제를 백 시프트(back shift)한다.

'백 시프트(back shift)'라는 말을 설명하겠습니다. 그것은 '시제를 과거 방향으로 되돌려 놓는' 것입니다. 이 규칙은 시제의 일치에도 이용되므로 잘 알아두기 바랍니다.

실제로 백 시프트를 해 봅시다.

6   I study English.
    I studied English.   〈현재에서 과거로〉
    I had studied English.   〈과거에서 과거완료로〉

그러면 이제 가정법 문장을 만들어 봅시다.

7   If you are willing to help your wife, you will make her happy.

만일 기꺼이 부인을 도와주면 당신은 그녀를 행복하게 할 것이다.

106

이 문장을 가정법으로 만들어 보겠습니다. 즉, '실제는 그렇지 않지만 …'이라는 반사실(反事實)로 하는 것입니다. 백 시프트 하는 과정을 잘 보십시오.

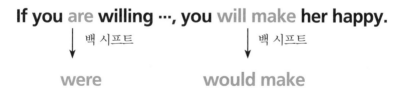

이렇게 해서 만듭니다.

7'   **If you were willing to help your wife, you would make her happy.**

(7')의 문장을 한 번 더 백 시프트 하면 과거의 사건에 대한 가정을 나타내게 됩니다. 즉 '실제로는 그렇지 않았지만 만일 도왔더라면 행복하게 했을 것이다.'라는 의미로 됩니다.

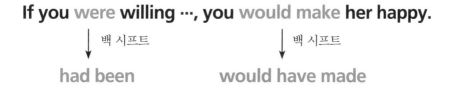

이렇게 만듭니다.

8   **If you had been willing to help your wife, you would have made her happy.**

이때 주의해야 하는 것은 would make의 백 시프트입니다. 조동사 과거형 would를 백 시프트 해야 하는데 일반동사처럼 과거완료형(*had would)을 쓸 수 없습니다. 그와 같은 형태가 영어에는 없기 때문입니다. 그래서 would have 라는 형태를 이용하는데, 이 have는 가정법에만 사용되는 것이 아닙니다.

9   a. **John may have bought a KIA.**

     존은 (과거에) 기아 차를 샀을 지도 모른다.

   b. **John seems to have bought a KIA.**

     존은 (과거에) 기아 차를 산 것 같다.

(9) a.~b.에서 알 수 있듯이 have는 뒤에 계속되는 내용의 시제를 과거로 이동 시키는 역할을 합니다. 이 have의 도움을 빌려서 would는 would have로 백 시 프트 되는 것입니다.

이와 같이 가정법은 백 시프트라는 매우 간단한 규칙으로 만들 수 있습니다. 위 두 가지 예에서 살펴본 패턴

(If ~,) ··· would (have) ···.

만일 ~라면 ···일 텐데.

를 기억해 두십시오. 이 would (have)라는 형이 가정법의 전형적인 형태입니다. 가정법은 앞에서 설명한 것처럼 현실과는 동떨어진 상황을 가정하고 '~ 일 텐데'라고 추정하는 것입니다. 추정을 나타내는 것은 will이므로, 이 would (have)라는 형태가 많이 쓰이는 것은 당연한 것입니다.

물론 will 뿐만 아니라 다른 조동사도 가정법으로 할 수 있습니다. 단순히 '~일 텐데' 뿐만 아니라 경우에 따라서는 '~일(이었을) 지도 모르는데', '~할[했을] 수 있는데' 등 may 또는 can을 사용한 가정법도 만들 줄 알아야 합니다. would (have)와 같이 백 시프트해서 could (have), might (have) …라는 형태로 하면 됩니다.

마지막으로 가정법 I wish ~(~였으면) 문형을 살펴보기로 하겠습니다. wish 에는 현실에는 불가능한(일어날 것 같지 않은) 소망을 나타내는 용법이 있고, 반사실(反事實)의 의미를 포함하고 있으므로 가정법으로 해야 합니다. 물론 백 시프트를 하면 됩니다.

10 **I have two bags.**

↓ 백 시프트

I wish I had two bags.

가방이 두 개 있었으면.

---

3 if 절이 없는 가정법

if 절이 없는 가정법이 있습니다. 가정되어 있는 것이 매우 명백하기 때문에 if 절은 생략되는 것입니다. 이와 같은 문장은 무엇이 가정되어 있는가를 이해하고 있어야 합니다. 그것은 하루아침에 습득할 수 없으므로 매일 훈련을 거듭해야 합니다.

그러면 다음의 글을 읽고 무엇이 가정되어 있는가를 생각해 보십시오.

11   **Given more time, I might have succeeded.**

12   **In his place, I wouldn't have told Mary such a thing.**

13   **I don't know about it, otherwise I would have told you.**

어렵지요. 그러나 자주 연습해 보면 자연스럽게 이해할 수 있게 됩니다. (11)은 '만일 시간이 좀 더 있었더라면', (12)는 '만일 내가 그의 입장이었더라면'이라는 뜻입니다. (13)은 가정적인 의미가 otherwise에 담겨 있습니다. '알았다면 말했을 것이다'라는 의미입니다.

"가정법에서는 was를 사용해야 하는 경우에도 were를 쓴다" 등과 같은 여기에서 설명한 것 이외에도 알아둘 것이 많습니다. 그러나 앞에서 설명한 시제를 백 시프트 한다라는 매우 기본적이고 단순한 규칙만 알고 있으면 됩니다. 이것만 확실히 알고 있으면 다음은 차례로 익혀 가면 되는 것입니다.

EXERCISE

열심히
풀어봐!

♣ 다음 문장을 모두 반사실적인 내용을 가진 문장으로 만드시오.

1. If she caught the 10 o'clock train, she'll arrive on time.

   ➔ _____

2. If I find a job quickly, I'll be delighted.

   ➔ _____

3. If you kiss me, I'll scream.

   ➔ _____

모두 백 시프트를 한다.

1. **If she had caught the 10 o'clock train, she'd arrive on time.**
   만일 그녀가 10시 기차를 탔더라면 정시에 도착할 수 있었을 텐데.

2. **If I found a job quickly, I'd be delighted.**
   즉시 일자리를 얻는다면 기쁠 텐데.

3. **If you kissed me, I'd scream.**
   키스를 하면 소리를 지를 거야.

시제의 일치

'시제의 일치'는 우리나라 사람이 어려워하는 것 가운데 하나입니다. 그 이유는 우리말과는 전혀 다른 어법이기 때문입니다.

우리말에는

1   a. '25일에 런던에 <u>간다</u>'고 진우가 말했다.

     b. 진우는 25일에 런던에 <u>간다</u>고 말했다.

로 밑줄 친 동사의 시제를 바꿀 필요는 없습니다. 그러나 영어에서는 다릅니다. (1)을 영어로 바꿔 봅시다.

2   a. **Jinwoo said, "I will leave for London on the 25th."**

     b. **Jinwoo said that he would leave for London on the 25th.**

이와 같이 영어에서는 문장의 중심이 되는 동사(주동사)가 과거일 때에는 종속절(that 이하)의 시제를 변화시켜야 합니다. 이것이 시제의 일치입니다. 다음을 기억해 주십시오.

시제의 일치

주문(主文)이 과거일 때, 종속문의 시제를 한 단계 백 시프트한다.

'백 시프트'는 가정법일 때와 같이 '과거로 이동한다'는 의미입니다. 다시 한 번 다음 그림을 봐 주십시오.

아래의 예를 보십시오. (3)의 종속문 시제가 (4)에서는 백 시프트되어 있습니다.

3 a. **John said, "I am happy."**

　b. **John said, "I will marry her."**

　c. **John said, "I loved her."**

4 a. **John said that he was happy.**

　b. **John said that he would marry her.**

　c. **John said that he had loved her.**

사실 우리들이 까다롭게 생각하는 이 규칙을 미국인들은 자연스럽게 사용하고 있습니다. 거의 무의식중에 사용하고 있다고 해도 좋을 것입니다. 특별한 사정이 없는 한 시제의 일치는 자동적(무의식적)으로 일어나고 있는 것입니다.

이것으로 시제의 일치의 기본을 마치겠습니다. 그러나 시제의 일치에는 예외가 있습니다. 자, 이제부터가 본론입니다.
필자가 가지고 있는 문법책에는 다음과 같은 예외를 두고 있습니다.

★ 시제의 일치 예외

5 **불변의 진리**

a. **John said that the earth is round.**

존은 지구가 둥글다고 말했다.

b. **John said Italy is shaped like a boot.**

존은 이탈리아는 장화 모양이라고 말했다.

6 **현재도 계속되는 습관 · 사실**

a. **John said that he walks to school every day.**

존은 매일 걸어서 학교에 간다고 말했다.

b. **John said that he lives in London.**

존은 런던에 살고 있다고 말했다.

7 **역사상의 사건**

a. **We were taught that Columbus discovered America in 1492.**

콜럼버스가 1492년에 아메리카를 '발견'했다고 배웠다.

b. I didn't know that Nietzsche was born in the 19th century.

니체가 19세기에 태어났다는 것을 몰랐다.

8 가정법

a. She said "I would fly to Jinwoo, if I could."

할 수만 있다면 진우에게 날아갈 텐데라고 그녀가 말했다.

b. She said that she would fly to Jinwoo if she could.

이 '예외'를 암기하지는 마십시오. 여기에는 매우 자연스런 이유가 있기 때문입니다.

(8)의 가정법이 예외로 되는 것은 가정법의 시제는 일반적인 시제와는 전혀 다르기 때문입니다. 과거완료의 용법이 기억나십니까? 과거완료는 '어떤 사건이 과거의 어떤 때보다 전에 일어났다'는 것을 명백히 하기 위해 사용됩니다. 콜럼버스가 아메리카를 '발견'한 것이나 니체가 태어난 것은 주절의 동사보다도 명확히 과거에 일어난 일입니다. 그러므로 시제의 일치에서 과거완료로 할 필요는 없는 것입니다.

그러면 (5), (6)의 예외는 어떻습니까? (5), (6)에 공통되는 것은 화자가 종속절의 사건이 현재에도 성립하고 있다는 점을 의식하고 말하고 있는 것입니다.

다음의 예문을 보십시오.

9 a. John said, "Bill will leave here on the 25th."

'빌은 25일에 출발할 거야'라고 존이 말했다.

b. **John said that Bill would leave here on the 25th.**

c. **John said that Bill will leave here on the 25th.**

말하는 사람이 Bill will leave here on the 25th.라고 한 것이 '현재에도 성립하고 있다'고 의식하고 말하는 경우는 어떨까요? 예를 들면 이 문장이 말해지고 있는 것이 24일이라고 합시다. 이 경우 Bill이 출발하는 것은 미래의 사건입니다. Bill will leave here on the 25th는 그대로 성립되고 있습니다. 이와 같은 경우에는 c.와 같이 시제의 일치가 일어나지 않습니다. (9) c. '불변의 진리' 또는 '현재도 계속되는 습관·사실'이라는 예외의 배후에 있는 진짜 이유는 현재도 성립하고 있다고 하는 말하는 사람의 의식인 것입니다. 그러나 말하는 사람이 이런 의식이 없는 경우는 객관적으로 봐서 불변의 진리, 현재도 계속되는 습관·사실이더라도 시제의 일치가 적용됩니다.

다음의 예를 봅시다.

10   A : **My name is Joe ….**
   내 이름은 조입니다.

   B : **What did you say (that) your name was?** 〈응답으로〉
   이름을 뭐라고 했어요?

11   **I didn't know (that) you were a student of this college.**
   당신이 이 학교 학생이라는 것을 몰랐어요.

that절의 내용은 모두 '현재도 계속되는 사실'입니다. 이름이 수시로 바뀌는 수는 없으며, you가 지금도 이 대학의 학생이라는 것은 명백하기 때문입니다. 그러나 말하는 사람이 이 사실을 의식하고 있지 않으면('지금까지도 이 학교 학생이다' '지금도 조다'라고 하는 것은 문맥상 전혀 중요하지 않으므로) 자동적으로 시제의 일치에 걸리고 있는 것입니다.

12 **a.** **You know, the ancient Egyptians were very smart. They had an excellent system of writing, built huge pyramids ···. They even knew that the earth was round.**

고대 이집트인들은 매우 현명했어요. 훌륭한 서기법(書記法)도 가지고 있었으며 거대한 피라미드도 만들었고 ··· 지구가 둥글다는 것까지도 알고 있었어요.

b. **Before coming here Robert knew nothing about Korea. He didn't even know it was a peninsula.**

로버트는 이곳에 오기 전에는 한국에 대해서는 아무 것도 몰랐어요. 반도라는 것조차도 몰랐어요.

확실히 the earth was round도 it(Korea) was a peninsula도 객관적으로는 '불변의 진리'이지만 위의 문맥에서 말하는 사람은 그것이 현재도 성립하고 있는 것을 의식하지 않습니다. 따라서 시제의 일치가 일어나는 것입니다.

자, 이것으로 마치겠습니다. '불변의 진리'도 '현재까지 계속되는 습관·사실'도 암기할 필요는 없습니다. 다음의 원칙만을 알아 두십시오.

시제의 일치

시제의 일치는 특별한 사정이 없는 한 자동적(무의식)으로 일어난다.

→ 말하는 사람이 현재도 성립하고 있는 것을 의식하고 있는 때에는 시제의 일치가 적용되지 않는다.

이 원칙을 알고 연습만 하면 됩니다. 그러면 마지막으로 여러분들이 미국인의 어감을 가지게 되었는가를 테스트해 봅시다. 다음의 문장을 한국어로 바꾸면 '그녀는 전 남편이 아름다운 치아를 가지고 있다고 말했다'로 됩니다. 그 의미 외에 무엇을 알 수 있을까요?

13   Jane said that her ex-husband has beautiful teeth.

그렇습니다. 시제를 일치시키지 않으므로 지금까지도 성립하고 있는 것입니다. 지금도 아름다운 이를 가지고 있다고 말할 수 있다는 것은 … 그렇습니다. 지금도 만나고 있다고 추측할 수 있습니다.

EXERCISE

♣ 시제의 일치에 주의해서 어느 것이 문맥에 맞는 지 고르시오.

1. After seeing Sunhee's play, they admitted that she (was / is) the best-player in the country.

2. How could you call that baby ugly, right in front of the parents? Didn't you know that it (was / is) their baby?

3. You know I'm so stupid! I knew that the earth (was / is) bigger than the moon, but in the test I answered that it (was / is) smaller!

1. 선희가 경기하는 것을 보고 그들은 그녀가 이 나라에서 가장 훌륭한 테니스 선수라는 것을 인정했다.

2. 왜 부모 앞에서 아기가 못생겼다고 했어요? 그 아기가 저 부부의 아기라는 것을 몰랐어요?

3. 나는 전말로 바보예요. 지구가 달보다 크다는 것은 알고 있었는데 시험에서는 작다고 답했어요.

정답

1. is
물론 시제의 일치에 맞춰서 was로 해도 좋다. 그러나 is를 사용하면 선희의 현재의 순위를 더욱 강조할 수 있다.

2. was
물론 지금도 it is their baby이지만 말하는 사람은 특히 '지금도 그렇다'라는 것에는 관심이 없다. 여기에서는 부모의 눈앞에서 아기를 헐뜯었다고 하는 과거의 사건 그리고 그 과거의 시점에서 상대가 알고 있었는지를 묻고 있는 것이다.

3. was, was
여기에서도 말하는 사람은 과거의 실수에 중점을 두고 있으므로 '현재도 지구는 달보다 크다' 등에는 관심이 없다. 따라서 시제를 일치시키는 것이 좋다.

Unit 06

시제의 불일치

중학교나 고등학교에서 현재시제의 용법 중 '역사적 현재'라는 것을 배우지 않았습니까? '현재시제에는 역사적 현재라고 부르는 용법이 있고 과거의 일을 생생하게 묘사하는데 쓰인다'고 하는 용법입니다. 생각해 보면 매우 이상한 '용법'이지요? 현재시제는 '현재'를 나타내는 데에도 불구하고 왜 이와 같이 '과거'를 나타낼 수도 있을까요? 여기에서는 이와 같은 '시제의 불일치'에 관해 설명하겠습니다.

1   The turtle says to the dragon, "You are not real."

거북이가 용에게 말한다. '당신은 상상의 존재입니다.'

위의 예문에서는 '과거'의 사건을 현재시제를 사용해서 말하고 있습니다만, 유명한 역사적 사건만이 현재형으로 말할 수 있는 것은 아닙니다. 전혀 '역사적'이 아닌 보통의 과거 사건을 현재시제를 사용해서 말할 수도 있습니다.

2   a. **어제의 일을 이야기하면서**

> **Mother comes into my room and says, "Study hard."**
>
> 어머니가 방으로 와서 말했어요. "열심히 공부해라."

     b. **"You won't believe what Bob did! He walks straight up to this gorgeous girl and asks her for a date. Unbelievable!"**

> **"What did she do?"**
>
> **"Well, she stares at him for a moment, then slaps his face and walks out."**
>
> '믿지 않겠지만 봅이 이 멋진 아가씨에게 다가가서 데이트를 요청했어. 믿을 수 없어.'
> '그래서 그녀는 어떻게 했어?'
> '응. 잠시 그를 쳐다보더니 얼굴을 한 방 치고 나갔어.'

이 예문을 보고 '현재시제가 과거의 사건도 나타낼 수 있다'라고 생각하는 사람도 있을지 모르겠습니다. 정말 그럴까요? 그렇지 않습니다. 현명한 독자라면 만일 현재시제가 과거를 표현할 수 있다면 영어의 시제 체계는 엉망진창이 되어버린다는 것을 아실 겁니다. 시제에는 앞에서 설명한 다음과 같은 규칙만이 있습니다.

현재시제는 항상 현재를 나타내고,
과거시제는 항상 과거를 나타낸다.

그러면 왜 위의 예에서는 현재시제가 마치 '과거'를 나타내고 있는 것처럼 보이는 것일까요?

사실 시제를 나타내는 현재란 물리적인 현재 시점을 나타내는 것이 아닙니다. 말하는 사람이 스스로 현재라고 생각하는 시점이 현재인 것입니다. (1)의 예에서는 거북이가 말하고 있는 시점에 말하는 사람의 기분이 이입되어서 그것이 말하는 사람에 의해서의 '지금'이 되는 것입니다. 결코 과거의 사건을 현재형으로 나타내고 있는 것은 아닙니다. 어디까지나 말하는 사람에 의한 '현재의 사건'인 것입니다. 과거의 사건에 현재시제가 이용되면 그 과거의 시점이 말하는 사람에 의해서 현재라고 하는 점, 즉 말하는 사람의 기분이 이입되고 있다는 것을 전달하는 것입니다. 따라서 묘사가 '생생'해지는 것입니다.

이와 같은 시제의 불일치는 현재시제에만 일어나는 것이 아닙니다.

3　a. **Man successfully** landed **on Mars** in the year **2050.**

인류는 2050년에 화성 착륙에 성공했다.

　b. **According to the strange alien, the earth** was **destroyed** in the year 3002.

그 외계인에 의하면 지구는 3002년에 파괴되었다고 한다.

이것은 소설 등에서 흔히 볼 수 있는 예입니다. 말하는 사람은 모든 사건이 끝난 미래의 시점(예를 들면 서기 4000년)부터 회고하며 사건을 서술하고 있습니다. 그러므로 물리적으로 미래의 사건이지만 과거시제를 사용하고 있는 것입니다.

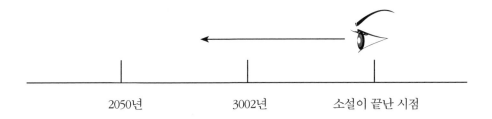

2050년   3002년   소설이 끝난 시점

이제 '역사적 현재'라는 기묘한 용법을 잊으세요. 현재시제는 어디까지나 현재, 과거시제는 어디까지나 과거를 나타내는 것입니다.

Part 06
진행형과
완료형

시제를 확실히 이해했다면 이제 당신의 영문법 실력은 충분합니다. 이제부터는
실제 영문을 자주 읽어봅시다. 지금까지보다는 훨씬 다양한 뉘앙스를 느낄 수
있을 것입니다.

영어에서 '때'를 나타내는 것은 시제만이 아닙니다. 여기서 소개할 것은 시제 이
외의 '때'를 나타내는 진행형과 완료형입니다.

미국인의 감각을 익혀 봅시다.
먼저 진행형부터 시작하겠습니다.

진행형

1 진행형의 기본

중학교, 고등학교에서 진행형은 '~하고 있는 중', '~하고 있다'라고 간단히 배우지 않았습니까? 그러나 그렇게 간단하지 않습니다. 우리말 번역을 암기하는 것과 어감을 이해하는 것은 다른 문제이기 때문입니다. 예를 들면 다음 문장의 의미를 정확하게 이해할 수 있습니까?

1 a. **John was dying.**
   b. **The bus was stopping.**
   c. **John is living in Seoul.**

'죽고 있는 중', '멈추고 있는 중', '살고 있는 중'… 도대체 무엇을 말하고 있는 것인지 알 수 없지요? 현재 시점에서 죽어 있는 것일까요, 살아 있는 것일까요? 버스는 가고 있는 것일까요, 멈추어 있는 것일까요? 우리말 해석을 외우고 있는 것과 어감을 이해하는 것은 전혀 다른 문제입니다.

중요한 것은 어감을 이해하는 것입니다.

다음의 문장을 보십시오.

2   a. **John lives in Seoul.**

     b. **John is living in Seoul.**

3   a. **I walk to school.**

     b. **I am walking to school.**

(2)는 모두 '존은 서울에 살고 있다'라고 해석되지만 미국인이 느끼는 어감에는 분명 차이가 있습니다. b.는 a.보다 일시적인 느낌이 듭니다. a.는 이전부터 계속 살고 있으므로 앞으로도 계속 살 것 같은 느낌이 있지만, b.는 잠시 동안 살고 있다는 느낌입니다. (3)의 a.는 항상 걸어서 학교에 간다는 것이지만, b.는 지금 현재 걸어서 학교에 간다고 하는 것으로 현재를 포함하는 짧은 기간에 핵심이 있습니다.

자, 이것으로 진행형의 중요한 의미가 떠올랐습니다. 진행형은 비교적 짧은 기간에 일어난 사실을 말하고 있다라는 것입니다.

진행형에는 또 하나의 중요한 의미가 있습니다.

4   a. **John is drawing a circle.**

     존은 원을 그리고 있다.

     b. **John drew a circle.**

     존은 원을 그렸다.

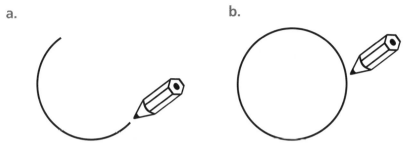

a.   b.

그것은 그 사건이 아직 끝나지 않았다는 것입니다. (4) b.는 원을 다 그렸다라는 것을 의미하지만, 진행형 (4) a.는 그것은 아직 진행 중으로 원이 완성되지는 않았다는 점을 말하고 있는 것입니다.

종합해 봅시다. 진행형의 의미는 다음의 그림으로 종합할 수 있습니다. 이것이 기본이므로 잘 알아 두십시오.

5   He is drinking a bottle of beer.

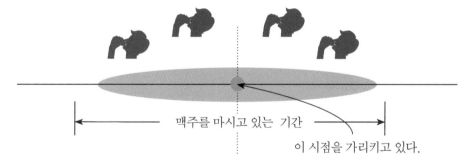

맥주를 마시고 있는 기간

이 시점을 가리키고 있다.

즉, 비교적 짧은 기간의 사건이고 진행 중에 있다라는 것입니다.

그러면 이 그림을 보고 (1)의 문장의 의미를 다시 상세히 알아봅시다.

a. **John was dying.**

b. **The bus was stopping.**

die, stop은 사건을 나타내고 있습니다.

'삶(生)'부터 '죽음(死)'으로, '움직임(動)'에서 '정지(止)'로 향하고 있는 사건입니다. 그림으로 만들어 봅시다.

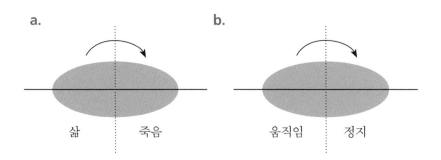

그 사건이 진행 중이라는 것입니다. 진행 중이기 때문에

6 a. **John died.**

b. **The bus stopped.**

와 같이 '죽음, 정지'로 될 수가 없습니다. 삶에서 죽음으로 가는 중, 움직임에서 정지로 가는 중, 즉, '죽어가고 있었다', '서려고 하고 있었다'라는 뜻이 됩니다. 진행형의 기본은 이것이므로 충분합니다. 이제부터는 좀 더 미국인의 어감을 공부해 봅시다.

사건을 나타내는 진행형

진행형을 정확하게 사용하기 위해서는 또 하나의 중요한 핵심이 있습니다.

7   a. **He is having a car.***

[바르게는 has] 그는 차를 가지고 있다.

b. **He is owning a car.***

[바르게는 owns] 그는 차를 소유하고 있다.

c. **John is being tired.***

[바르게는 is tired] 존은 피로해 있다.

(7)은 모두 의미가 어색한 문장입니다. 어째서 그럴까요? 그것은

진행형의 원칙

진행형은 사건을 서술한다.

라는 원칙이 있기 때문입니다. have, own, be는 '가지고 있다, 소유하고 있다, ~이다'라는 단순히 상태를 나타내는 동사이며, 어떤 행위가 따르는 사건이 아닙니다. 이와 같은 경우 진행형은 사용될 수 없습니다.

이제 여러 가지 예문을 살펴봅시다.

8   a. **He was hearing a song.***

     b. **He was listening to a song.**

9   a. **He was seeing the dog.***

     b. **He was looking the dog.**

10   a. **He was believing Mary was mad.***

     b. **He believed Mary was mad.**

a.는 진행형이 어울리지 않습니다. 어째서일까요? 그것은 사건성이 낮기 때문입니다. hear '(의식하지 않아도) 들린다'와 listen to '(귀를 기울여서) 듣는다'는 의미상 큰 차이가 있습니다. '의식하지 않는데도 그냥 귀에 들린다'는 것은 '발로 차다', '비가 내린다'라는 전형적인 사건을 나타내는 동사와 비교하면 그다지 사건이라는 느낌은 없습니다.

see와 look at도 같습니다. '눈에 들어오다(see)'는 '바라보다(look at)'와 같은 적극적인 행위와는 달라서 사건이라는 느낌이 없습니다.

(10)의 believed도 믿음을 가지고 있는 상태를 나타내며 그다지 행위가 따르는 사건이라는 느낌은 없습니다.

다음의 think는 보통 '생각을 가지고 있다'라는 상태를 나타내므로 진행형으로 할 수 없습니다.

11   **I was thinking the movie was good.*** [thought를 써야 함]

     그 영화는 좋았다고 생각했다.

그런데 think가 '숙고하다(= consider)'라는 의미로 사용되면 어떨까요? 적극적으로 머리를 써서 생각한다는 것이므로 사건으로 될 수 있습니다.

12 I was thinking we could go to a movie tonight.

오늘 밤 영화 보러 갈 수 있을까 숙고하고 있었다.

이 경우는 사건이라고 할 수 있으므로 진행형으로 할 수 있습니다. 미묘하지요? 그러나 감각은 파악했으리라고 봅니다. 좀 더 미묘한 예를 몇 개 들겠습니다.

13 a. I'm tasting the soup to see if it's spicy enough.

수프에 양념이 충분히 들어 있는지 맛보고 있다.

b. I'm tasting the spices in the soup.*

수프에서 양념 맛이 나고 있다.

14 a. I was smelling the flowers.

꽃 냄새를 맡고 있었다.

b. I was smelling gas in the kitchen.*

부엌에서 가스 냄새가 나고 있었다.

어떻습니까? 같은 동사라도 '맛을 보다', '냄새 맡다'라는 사건을 나타낼 때에는 진행형이 쓰이며, '맛이 난다', '냄새가 난다'와 같이 감각이 외부에서 오는 사건성이 낮은 것에는 진행형이 어울리지 않는다는 점을 알 수 있겠지요. 덧붙여서 말하자면 b.는 can taste, could smell로 하면 아주 자연스러운 문장이 됩니다.

진행형은 사건을 서술한다는 점을 이해하셨습니까?

언어는 살아 있습니다. 우리말 번역에 의존하지 말고 영문 속에 담겨 있는 올바른 의미를 파악하는 것이 중요합니다.

완료형

I ⎤ ⎡ have ⎤ finished my homework.
He ⎦ ⎣ has ⎦

have + 과거분사

(시제에 따라 다른 동사와 같이 변화한다.)

완료형은 우리나라 사람이 매우 이해하기 어려운 것 가운데 하나입니다. '했다 / 해버렸다'라는 해석을 외우거나 '완료형의 4가지 용법'을 암기하는 것만으로는 아무 것도 이해할 수 없습니다.

여기에서는 현재완료형(have + 과거분사)에 초점을 맞추어서 설명하겠습니다. 현재완료형만 이해하면 과거완료형(had + 과거분사)과 미래완료형(will have + 과거분사)도 어렵지 않게 이해할 수 있습니다.

1 현재완료형의 기본

현재완료형의 기본을 설명하기 전에 다음의 문장이 바른지 생각해 보십시오.

1   a. **J.F.K has been assassinated.**

   b. **When have you been born?**

   c. **I have eaten a lot of candy when I was a child.**

   d. **Have you seen the movie on TV last night?**

   e. **What time have you got up this morning?**

(1)은 모두 어색한 문장입니다. 어째서일까요? 학교 영문법에서는 명백한 과거를 나타낼 때는 현재완료형으로 하지 않는다라고 되어 있습니다. 이 규칙에 따르면 a.~c.는 이 규칙에는 어긋납니다. 그러나 이러한 규칙을 미국인이 암기해서 사용할 리는 없습니다. 이들 문장이 어색한 이유는 역시 현재완료라고 하는 형태가 가지고 있는 의미와 관련이 있는 것입니다.

그러면 현재완료는 도대체 어떤 의미를 가지고 있는 것일까요? 먼저 중학교 과정을 복습하는 것으로 시작하겠습니다.

① 완료와 결과 〈동작의 완료, 그 결과를 암시〉

   a. **The taxi has arrived.**

   택시가 왔다. [따라서 지금 택시가 여기에 있다.]

   b. **She has been given a car.**

   그녀는 차를 받았다. [따라서 그녀는 지금 차를 가지고 있다.]

c. **I've finished my homework.**

숙제를 마쳤다. [따라서 지금은 자유다.]

② 경험 〈현재까지의 경험〉

a. **Have you been to Paris?**

파리에 간 적이 있습니까?

b. **Susan really loves that movie. She's seen it eight times.**

수잔은 정말로 그 영화를 좋아해요. 벌써 8번이나 보았어요.

c. **Have you ever eaten caviar?**

캐비어를 먹어 본 적이 있습니까?

③ 계속 〈과거에서부터 현재까지의 계속적 상황〉

a. **I haven't seen you since our graduation.**

졸업한 뒤로 쭉 만나지 않았다.

b. **Sunyoung has had the same boyfriend for 8 months - it's a record!**

선영이는 8개월 이상 같은 남자친구를 사귀고 있어요. 기록적이에요!

c. **Oh, I give up. I've always had problems with machine!**

손 들었어요. 기계를 다루는 것은 항상 어려워요.

④ 가까운 과거 〈방금 일어난 일〉

a. **Have you seen the new Spielberg movie?**

스필버그의 새로운 영화 봤니?

b. **Great news! I've just won the lottery!**

빅 뉴스! 복권에 당첨됐어요!

c. **Jane has just come back from the bank, so maybe she can lend you some money!**

제인이 은행에서 막 돌아왔어요. 아마 돈을 빌려줄 수 있을지 몰라요.

학교에서 배운 현재완료의 4가지 용법은 매우 복잡한 의미를 설명하고 있다는 것을 알 수 있지요? 민감한 사람은 이 4개의 용법이 서로 모순되어 있다는 것을 느낄 수 있을 것입니다. 모순되는 점을 설명하겠습니다. ① 완료형은 이미 동작이 완료해 있는 것을 나타내는 용법입니다. 그러나 ③의 계속은 동작 또는 상황이 지금까지도 계속되고 있다는 것입니다. 명백히 모순되어 있지요.

그러면 현재완료라는 형태는 서로 모순된 의미를 갖고 있다는 것일까요? 그렇지 않습니다. 현재완료의 의미는 하나이며, 위의 여러 '규칙'은 일단 하나의 의미로 종합할 수 있습니다. 현재완료는 이 단 하나의 의미만을 이해하면 됩니다.

현재완료의 의미

현재완료를 사용할 때(과거의 일을 말할 때도),
말하는 사람은 현재 시점에 초점을 맞추고 있다.

과거형은 과거에 이미 끝난 일을 서술하는 형태이며, 현재완료는 과거의 사건을 포함하는 현재에 관해서 말하는 형태입니다. 따라서 현재완료는 과거의 사건이 항상 현재와 어떻게든 관련이 있는 것입니다. 위의 ①의 완료나 결과는 행위가 완료된 것뿐만 아니라 그 과거의 행위가 현재에 영향을 미치고 있음을 의미하고 있는 것입니다. ②의 경험은 과거의 사건을 서술하면서 지금 그러한 경험을 가지고 있는 것이고, ③의 계속은 과거에 끝나버린 사건이 아니고 지금도 그러한 상황이 계속되고 있다는 것입니다. 이와 같이 현재완료형은 항상 현재에 초점이 있는 형태인 것입니다.

또한, 현재완료는 현재에 초점이 있기 때문에 과거형을 사용할 경우와 비교하면 가깝게 느껴집니다.

예를 들면,

2   a. **Have you heard from George?**

조지로부터 소식 있니?

라는 문장은 recently(최근)를 첨가해도 거의 같은 의미로 됩니다. 현재완료는 가깝게 느껴지기 때문입니다.

같은 식으로

b. Have you seen my children around here?

근처에서 우리 아이 봤어요?

바로 금방까지 놀고 있었던 아이가 보이지 않아서 묻고 다니는 어머니의 모습이 떠오르지요?

현재완료는 현재에 초점이 맞춰져 있다는 것을 확실히 알아 두십시오.

그러면 문제입니다. 다음의 문장에서 어느 쪽이 알맞을까요?

3   [놀러 온 친구에게]

Sorry, I can't go with you, because

a. I broke my leg.

b. I've broken my leg.

'완료일까, 경험일까, 그렇지 않으면 …'이라고 고민하지 마세요. 현재완료는 현재가 중심이라는 것만을 생각하세요. '(과거에) 발을 부러뜨렸기 때문에 갈 수 없어요.'라는 것보다는 '지금 걸을 수 없기 때문에 갈 수 없어요.'라고 말하는 게 좋겠지요? 따라서 답은 b.입니다.

현재완료의 기초는 이것으로 충분합니다. 그러면 최초의 문제로 돌아갑시다. 다음의 문장이 의미가 어색한 이유는 무엇 때문일까요?

1'   a. **J.F.K has been assassinated.***

b. **When have you been born?***

c. **I have eaten a lot of candy when I was a child.***

d. Have you seen the movie on TV last night?*

e. What time have you got up this morning?*

현재완료형은 현재에 초점이 있어야 하며, 현재와 관련이 없는 사건을 현재완료로 나타낼 수는 없는 것입니다. 따라서 케네디 대통령이 암살된 것이 현재와 어떤 관련이 있습니까? '어릴 때'라는 과거의 사건을 말하는 데에 현재에 초점을 맞춘 완료형을 사용할 수 있을까요? What time이라는 과거의 사건이 일어난 시간을 묻는데 현재에 초점을 맞출 필요가 있을까요? (1)이 어색한 것은 현재와 관련이 없는 과거의 사건을 서술하는데 현재에 초점을 맞춘 현재완료를 사용했기 때문입니다.

이런 식으로 생각하면 '현재완료는 명백한 과거를 나타내는 말과 함께 쓰일 수 없다'라는 '규칙'을 힘들여 외울 필요가 없는 것입니다.

2 현재와의 관련

지금까지 설명한 것과 같이 현재완료에서는 과거의 사건은 항상 어떤 형태로든지 현재와 관련이 있습니다. 그러나 어떤 관련성이 있는가는 그 문장이 쓰여진 상황 또는 내용에서 유추할 수밖에 없습니다. 여기에는 정도(正道)가 없습니다. 그렇다고는 해도 말하는 사람도 감정을 전해야 하므로

4 I've taken a bath.

목욕을 했다[그러므로 지금은 볼링하고 싶다].

라는 등 서로 무관한 내용을 말하지는 않을 것입니다. 그렇다면 현재완료 = 현

재에 초점이라는 것만을 이해하고 있으면 다음은 상식적으로 판단하면 되는 것입니다.

그러나 since 2009, never, just, already 등의 어구가 있으면 현재와의 관련성을 어느 정도 짐작할 수 있습니다. 현재완료는 일반적으로 이러한 어구를 수반합니다. 바꾸어 말하는 사람은 이런 어구를 사용해서 현재와의 어떤 관련성을 나타내고자 하는 것입니다.

since (~부터 쭉) / **for** (~동안)

등이 있으면 '지금도 계속되고 있다는 의미로 사용되고 있다.'는 것을 알아야 합니다. 또한 never(결코 ~아니다), ever(지금까지) 등이 나오면 '과거에서 현재에 이르는 경험'에 관해 말하고 있다는 것과 already, yet(이미) 등이 있으면 '완료되었다는 것'이 명백해집니다. 현재완료가 어려울 리 없습니다. 현재완료 = 현재에 초점이라는 것만을 이해하면 되는 것입니다.

3 현재완료와 과거

이제부터는 다양한 문장을 통해 미국인의 감각을 익혀 봅시다. 현재완료문과 과거문의 예를 몇 개 들겠습니다. 뉘앙스의 차이를 알 수 있겠습니까?

5   a. **They've been married for 15 years.**

     b. **They were married for 15 years.**

6   a. **John has lived in Busan all his life.**

b. John lived in Busan all his life.

7 **a.** Jane has drunk too much beer.

b. Jane drank too much beer.

(10) a.는 결혼해서 지금도 함께 살고 있다라는 의미지만 과거문인 (10) b.는 '15년간 결혼했었다'이므로 지금은 이혼해서 함께 살고 있지 않은 것으로 됩니다. (11) a.는 '평생을 부산에 살고 있다(지금도 계속 살고 있다)'라는 것이 되지만 (11) b.는 '평생을 부산에서 살았다'이므로 John은 이미 죽었다라는 것을 알 수 있습니다. (12) a.는 지금도 마시고 있는 것이지만, (12) b.는 이미 너무 마셔서 지금은 예를 들면 술에 취해 토하고 있다는 상황을 나타내고 있는 것입니다.

다음은 좀 더 미묘한 어감을 연습해 봅시다. (13)에서 어색한 문장은 어떤 것일까요?

8 **a.** Princeton has been visited by Einstein.

b. Einstein has visited Princeton.

c. Einstein has contributed a lot to my thinking.

현재완료의 핵심인 '현재와의 관련성'이 없다고 할 수 있는 것은 어느 것입니까? a.는 '프린스턴 대학은 아인슈타인의 방문을 받은 적이 있다'라는 의미입니다. 프린스턴 대학은 현존해 있으며 과거에 아인슈타인이 방문했었다는 것입니다. 그런데 b.의 '아인슈타인은 프린스턴 대학을 방문한 적이 있다'는 어떻습니까? 현재 아인슈타인은 죽었으므로 이 과거의 사건은 '현재'와 관련이 없는 것입니다. 그러므로 이 문장은 과거형으로 해야 합니다.

c.의 '아인슈타인은 나의 사고에 큰 영향을 미치고 있다'는 어떨까요? 죽었더라

도 (그의 사상·저작을 통해서) 현재 영향을 미치는 것이 가능합니다. 결국 b.가 부자연스럽다는 것을 알 수 있습니다.

그러면 더욱 미묘한 것을 공부해 봅시다.

14 a. **What have I done with my car keys?**

　　 b. **What did I do with my car keys?**

자동차 키를 어떻게 했지?

모두 번역은 동일하지만 뉘앙스는 차이가 있습니다. a.는 지금까지 서술한 것처럼 현재에 초점이 있습니다. 그러므로 '(과거에 열쇠를 둔 결과) 지금 어디에 있을까?'라는 것으로 됩니다. 한편 b.는 어떻습니까? 과거형이므로 '(과거의 사건을 기억하면서) 그때 어디에 놓았지?'라고 하는 것이 됩니다. 자, 이 정도에 이르면 현재완료와 과거에 실질적인 의미의 차이는 없지요?

이것으로 현재완료에 관한 설명을 마칩니다. 현재완료와 과거형의 구별을 다음의 문제로 연습해 봅시다.

EXERCISE

♣ 다음은 현재완료와 과거 중 어느 쪽을 써야 할까요?

Dave   : I ①have bumped / bumped into Patrick last night in a pub. I ②haven't recognized / didn't recognize him at first, he ③has changed / changed so much since the last time I ④have seen / saw him. He ⑤has finished / finished his degree and ⑥has started / started working for an insurance company in London. He ⑦has taken / took a year off from University and ⑧has travelled / travelled all around Asia. He ⑨has had / had a great time.

Jack   : Sounds great. ⑩Have you been / Did you go to Asia?

Dave   : Yes. I ⑪have even lived / even lived there!

Jack   : Really. Where?

Dave   : I ⑫have lived / lived in Korea for 2 years.

Jack   : What was it like?

Dave   : Wonderful! The people were friendly and I ⑬have enjoyed / enjoyed seeing lots of beautiful and famous sights.

Jack   : What about the food?

Dave   : Actually, I ⑭have liked / liked most of it.

Jack   : I ⑮have always wanted / always wanted to travel,

but up to now I have never had / never had the chance to do so.

Dave   : Well, I have begun / began travelling when I was 30, so it's never too late! And I have had / had so many fantastic experiences.

Jack   : Yes. All the stories you have told / told me have given / gave me the urge to do something. Right, let's go to the travel agent's NOW!!

Dave   : O.K. Let's go!

해 석

데이브 : 어제 술집에서 패트릭을 우연히 만났어. 요사이에 많이 변해 있어서 처음에는 그인지 몰랐어. 그는 학위를 받고 런던에 있는 보험회사에서 근무하고 있어. 그는 대학 때 1년간 휴학하며 아시아 각국을 여행했었지. 좋은 시간을 보냈었지.

잭   : 근사하군. 아시아에 가 본 적 있어?

데이브 : 응, 살았던 적도 있어.

잭   : 정말이니. 어디?

데이브 : 2년간 한국에 산 적이 있어.

잭   : 어땠어?

데이브 : 멋졌어. 매우 친절한 사람들이었어. 많은 근사하고 유명한 명소를 관광했어.

잭   : 음식은 어땠어?

데이브 : 사실 대체로 좋았어.

잭   : 나도 여행하고 싶다고는 쭉 생각하고 있었지만 지금까지 기회를 갖지 못했어.

데이브 : 나도 30살이 되어서야 여행을 시작했기 때문에 늦은 것은 아니야. 많은 좋은 경험을 했어.

잭   : 응. 네 말에서 무얼 해야 할 기분이 드는구나. 좋아, 지금 즉시 여행사에 가자.

데이브 : 좋아. 가자.

① **bumped into**

어젯밤 일어난 사건에 관해 이야기하고 있는 것이다. 현재에는 초점이 없다.

② **didn't recognize**

(1)과 동일

③ **has changed**

현재의 그에게 초점이 맞춰져 있다. since에 주목

④ **saw**

the last time에 관해 서술하고 있다. 특정한 과거에 일어난 사건

⑤ **has finished**

조금 어렵지요. 그러나 '현재의 그'에 초점이 맞추어져 있는 것을 생각하면 현재완료가 적당

⑥ **has started**

(5)와 동일

⑦ **took**

여기에서 과거로 돌아간다. 왜냐하면 패트릭이 이미 졸업한 것이 문맥에서 명백하기 때문. 이미 과거로 되어버린 사건. has taken으로 하면 지금도 졸업하지 않았다는 것으로 생각할 수 있다.

⑧ **travelled**

(7)과 같이 그의 여행은 과거의 사건이므로 현재와 관련이 없다.

⑨ **had**

(7), (8)과 동일

⑩ **have you been**

전형적인 현재완료 용법. 여기에서는 어떤 특정한 사건은 아니고 경험을 묻고 있으므로 완료형을 선택

⑪ **have even lived**

(10)과 같음

⑫ **lived**

(11)과 비교해 보라. 여기에서 데이브는 과거 2년 동안에 일어난 사건에 관하여 말하고 있다. 이 사건은 현재와는 어떤 관련도 없다.

⑬ **enjoyed**

(12)와 같음

⑭ **liked**

(12)와 같음

⑮ **have always wanted**

잭은 지금도 여행을 하고 싶은 것이다.

have never had

(15)와 같다.

began

when 이하에서 특정의 과거 시점을 생각하고 있다는 것을 알 수 있다. 이와 같은 경우는 현재와 어떤 관련이 없으므로 반드시 과거형을 사용해야 한다.

have had

과거의 시간을 추억하며 '그때는 좋은 경험을 했어'라고 생각하고 있다면 과거형. 그러나 문맥에서 '지금까지'라는 의미가 있으므로 완료형을 사용하는 것이 좋다.

have told

데이브의 이야기는 과거에 끝나버린 것은 아니다. 지금도 이에 관해 계속 이야기하고 있다. 따라서 현재완료를 선택해야 한다.

have given

데이브의 이야기는 과거에 give한 것은 아니다. 지금 현재 잭에게 하고자 하는 기분을 일으키고 있는 것이다.

Part 07
wh-의문문과
관계사

Unit 01

wh-의문문과 관계사

자, 이제 마지막 파트입니다.

여러분은 '왜, 의문문과 관계사는 같은 단어를 사용하는 것일까?'라고 생각한 적은 없습니까? 예를 들면,

1 a. **What does she have?**

그녀는 무엇을 가지고 있지?

b. **What is important is ….**

중요한 것은 ….

여기에서 what이라는 단어는 '무엇'이라는 의문문 a.와 '~것'이라는 관계사 b.로 사용되고 있습니다. 어째서일까요?

이 Part에서는 이것을 간단히 이해할 수 있는 방법에 관해 설명하겠습니다.

먼저 다음의 문장을 보십시오.

2   [진우와 동수가 대화를 하고 있습니다.]

진우 : 어제 학교에 가서 선영이를 만났어. 예뻐졌더군.

동수 : 그래서 무슨 이야기라도 했니? 부럽구나.

이 대화에서는 주어가 빠져 있습니다. 우리말에서는 주어를 생략할 수도 있으므로 적당한 주어를 넣어서 의미를 해석합니다. 그러나 영어에서는 주어를 빠뜨리는 일은 없습니다.

그런데 영어에서도 의미상 당연히 있어야 할 요소를 빠뜨리는 일이 흔히 있습니다. 이 '보이지 않는 요소'를 이해할 수 있으면 보다 정확히 영어를 이해할 수 있게 됩니다.

그리고 영어에서 이 보이지 않는 요소가 있는 장소는 부정사의 주어 위치입니다. 예를 몇 개 들어 보겠습니다(빠져 있는 위치를 ●로 표시했습니다).

3   I want ● to go.
4   John tried ● to go.
5   John promised Mary ● to go.
6   John persuaded Mary ● to go.
7   John told Mary ● to go.

위 문장에서 '누가 go하는 것인지?' 생각해 봅시다. (3)~(5)는 ● = 주어가 되어, go하는 사람은 (3) I, (4) John, (5) John입니다. (5)의 의미는 '존은 메리에게 자신이 갈 것을 약속했다'이며, 결코 '메리가 갈 것'을 약속했다라고 해석해서는 안 됩니다. 반대로 (6), (7)은 ● = 메리입니다. 즉 (6) '존은 메리에게 가도록 설득했다', (7) '메리에게 가도록 했다'로 존이 간다는 의미는 없습니다.

이것들의 성질은 요컨대 동사 하나하나의 성질에 따른 것이므로 영어를 익혀 가는 사이에 자연스럽게 숙달됩니다.

●가 문장 속의 사물·사람이 아니라 '일반적인[막연한] 사람·사물'을 가리키는 경우도 흔히 있습니다.

8 **It is illegal ● to vote twice.**

두 번 투표하는 것은 위법입니다.

9 **● To cross the river is dangerous.**

강을 건너는 것은 위험합니다.

지금까지 말한 것만으로는 보이지 않는 요소를 특별히 강조할 필요는 없을 지도 모릅니다. 그러나 이들 보이지 않는 요소에 주목하면 매우 큰 이득이 있습니다. 그것은 관계사와 의문사를 동시에 알 수 있다는 점입니다.

앞에서 의문사와 관계사로 같은 단어를 쓴다는 것은 우연이 아니라고 했습니다. 독일어나 프랑스어에도 똑같은 현상이 일어나고 있습니다.

의문사

10 a. **What do you have?**

무엇을 가지고 있습니까?

b. **Was haben Sie?**

무엇을 가지고 있습니까?

c. **Qu'est-ce que vous avez?**

무엇을 가지고 있습니까?

관계사

11 a. **What is new is not always good.**

새로운 것이 항상 좋은 것이라고 할 수는 없다.

b. **Was neu ist, ist nicht immer gut.**

새로운 것이 항상 좋다고 할 수는 없다.

c. **Ce qui est nouveau n'est pas toujours bon.**

새로운 것이 항상 좋다고 할 수는 없다.

이러한 유사성은 우연이 아닙니다. 의문사와 관계사는 그 기능이 같으므로 같은 단어를 사용하고 있는 것입니다. 지금부터는 이것들의 이름을 wh-어로 부르기로 하겠습니다.

그러면 이 wh-어는 어떤 특징을 가지고 있는 것일까요?

What do you have?

당신은 무엇을 가지고 있습니까?

매우 기본적인 문장이므로 거의 자동적으로 해석할 수 있겠지요? 그러나 어째서 이러한 해석이 가능한지를 생각해 본 적이 있습니까? 좀 깊이 생각해 보면 '아, 과연 관계사와 똑같이 생각하면 되는구나.'라고 알 수 있을 것입니다.

(10)의 문장이 어떤 순서로 해석되는가를 차례로 살펴봅시다.

What do you have?

① 먼저 have라는 동사를 봅시다. have는 '~을 가지고 있다'라는 의미를 가진 동사인데 이 문장에는 '~을'에 해당하는 명사가 빠져 있지요? 따라서

② What do you have ●?
라고 볼 수 있습니다. wh-어의 what은 이 보이지 않는 요소를 대신하고 있는 것입니다. 그러므로 '말하는 사람은 have의 목적어(~을)를 묻고 있다'라는 것을 알 수 있습니다. 따라서

③ '무엇을 가지고 있습니까?'라고 묻고 있다는 것을 알 수 있습니다.
지금의 예는 의문사였지만 다음의 관계사의 예를 살펴봅시다.

12 What he has does not mean anything at all to me.

그가 가지고 있는 것 어느 것도 나에게는 아무 의미도 없어요.

보이지 않는 요소가 있는 위치를 찾아보십시오. 그렇습니다. have는 '~을 가지고 있다'란 의미입니다. 따라서

12' What he has ● does not mean anything at all to me.

라는 것을 알 수 있습니다. what을 have의 목적어로 '그가 가지고 있는 것'이라고 이해할 수 있습니다. 또 하나 해 봅시다.

13 What the majority of people choose to do is not always the right thing to do.

대다수의 사람이 하는 것이 항상 바른 것이라고는 할 수 없다.

어째서 이러한 해석이 가능한지 알 수 있겠지요?

13' What the majority of people choose to do ● is not always the right thing to do.

이기 때문입니다.

이렇게 생각하면 의문사와 관계사는 그 기능이 같다는 것을 알 수 있습니다. wh-어는 문장 속에서 보이지 않는 요소를 대신하는 기능을 합니다. 의문사와 관계사의 차이는 문장이 의문문인가 보통문(평서문)인가라는 데에 있습니다. 종합해 봅시다.

wh-어의 해석 원리

문장 속의 보이지 않는 요소의 위치에서 해석을 한다.

wh-어 ······ ● ······

what 이외의 wh-어도 같습니다. 한 예로 who를 들어 보겠습니다.

14 Who do you think speaks Korean most fluently?

누가 제일 능숙하게 한국어를 한다고 생각합니까?

자, 어디에 ●가 있습니까? 동사 speak에는 주어가 있을 텐데 보이지 않지요?

14' Who do you think ● speaks Korean most fluently?

라는 것입니다. speak의 주어의 위치에서 해석하면 '누가 한국어를 가장 능숙하게 하는지 알고 있습니까?'로 됩니다. 같은 식으로 다음의 (17)은 (18)로 되고, loved의 주어로 해석해도 좋다는 것을 알 수 있습니다.

15 I found out that the boy who I thought loved me was two-timing me.

나를 사랑하고 있다고 생각한 남자가 사실은 양다리를 걸치고 있다는 것을 알았다.

15' I found out that the boy who I thought ● loved me was two-timing me.

의문사나 관계사는 알아두어야 할 것이 매우 많습니다. 그러나 여기에서 서술한 것이 그런 것들에 공통하는 가장 기본적인 것입니다. 이것을 염두에 두고 나머지 것들도 공부하면 됩니다.

EXERCISE

♣ 다음 문장의 어디에 ●가 있는지 찾으십시오.

1. The students who study grammar with this book will become really good at English!

2. The team that I thought would win the Korean-League came last!

3. Who do you think is the most handsome movie-star in the world?

정 답

동사에 주목하라. 1~3은 각각 study, would win, is의 앞에 당연히 있어야 할 주어가 빠져 있다는
것을 알 수 있다. 따라서 그 위치에 ●가 있어야 한다.

1. **The students who ● study grammar with this book will become really good at English!**
이 책으로 문법을 배운 학생은 정말로 영어에 정통해 집니다.

2. **The team that I thought ● would win the Korean-League came last!**
코리안 리그에서 우승하리라고 생각한 팀이 최하위가 되었다.

3. **Who do you think ● is the most handsome movie-star in the world?**
세계에서 가장 멋있는 영화배우는 누구라고 생각합니까?

160